INTERES WŁASNY VS. ALTRUIZM

W EPOCE GLOBALNEJ

W jaki sposób społeczeństwo może przekształcić interes własny we wzajemną korzyść

Dr Michael Laitman

LAITMAN
KABBALAH
PUBLISHERS

Michael Laitman © 2024

Laitman Kabbalah Publishers

Akademia Kabały Bnei Baruch
polska@kabbalah.academy
www.kabbalah.info/pl

Przekład: Daniel Kiewro

ISBN 9798873283422

SPIS TREŚCI

Przedmowa

Przypuszczam, iż wszystkie dzieci przechodzą przez okres zadawania „ważnych" pytań. Moimi pytaniami były: „Skąd pochodzimy?", „Gdzie idziemy, kiedy już nie jesteśmy tutaj?", a zwłaszcza: „Jaki jest cel życia?" Było tak może dlatego, że oboje moi rodzice byli lekarzami, więc miałem naturalne skłonności, aby poszukiwać odpowiedzi w nauce. A być może dlatego, że szukałem w nauce, to odpowiedzi, które znalazłem, miały charakter bardziej globalny, bardziej ogólny.

Moją nauką z wyboru była cybernetyka, bio-cybernetyka, mówiąc dokładnie. Miała się ona stać moim narzędziem badawczym. W tamtym czasie cybernetyka była nowym i innowacyjnym obszarem badań, umożliwiającym naukowcom zbadanie złożonych systemów oraz znalezienie mechanizmów, które je kontrolują. Szczególnie zainteresowałem się organizmem ludzkim i jego systemami kontroli. Poprzez cybernetykę próbowałem odkryć tajemnicę ludzkiej egzystencji: ciało i duszę, która (jak wierzyłem) zamieszkiwała je.

Niemniej moje nadzieje spełzły na niczym. Tak, nauka nauczyła mnie wiele na temat życia, czy też raczej o tym, jak zaczyna się nowe życie i w jaki sposób jest podtrzymywane. Jednak nie nauczyła mnie niczego odnośnie fundamentalnych kwestii, które przyświecały moim badaniom: czym jest życie i po co ono istnieje?

Pragnienie odszyfrowania sensu życia nie dawało mi spokoju, więc sprawdzałem wszelkie dane, które byłem w stanie znaleźć. Kontynuowałem poszukiwania w nauce, filozofii, a nawet religii, aż zdobyłem mnóstwo nowej wiedzy i zrozumienia samego życia. Jednak, podobnie jak w przypadku pierwszych doświadczeń w cybernetyce, żadne z moich odkryć nie zdawało się odnosić do najgłębszych pytań o sens i cel życia.

Aż pewnego dnia osiągnąłem kres moich długich poszukiwań, kiedy niespodziewanie natknąłem się na to, co później odkryłem, iż było nauką, a nazywała się ona „Kabała". Z perspektywy czasu jednak żadna część moich poszukiwań nie była zbędna. Nauka, filozofia i religia były koniecznymi „przystankami" na drodze do Kabały, chociaż tak naprawdę nigdy się na tych przystankach nie zatrzymałem. Każdy z nich przyczynił się do mojego zrozumienia sensu życia i celu ludzkiej egzystencji i każdy też obecnie zajmuje słuszne miejsce w całości i (mogę dodać) w zdrowym światopoglądzie, w którego wyrobieniu pomagała mi Kabała.

Odkryłem również związek pomiędzy celem ludzkiej egzystencji a wieloma światowymi kryzysami, z którymi obecnie musi mierzyć się nasz świat. Poprzez Kabałę uznałem nieuchronność tych kryzysów, ich nieuniknione rozwiązanie w pokoju i dobrobycie, a także wolny wybór, który posiadamy w kwestii 'jak' możemy sobie z nimi poradzić, czyli poprzez nasze współdziałanie, ale przede wszystkim poprzez uświadomienie sobie naszej jedności i współzależności. Bardziej niż cokolwiek innego odkryłem, iż starożytne kabalistyczne koncepcje dotyczące stosunków ludzkich tworzą platformę, na której można zbudować sprawne społeczeństwa, promujące przyjacielskie stosunki.

Koncepcja, iż aktualne zagrożenia globalne są wynikiem konkretnego zarządzania odgórnego, nie jest moją własną. Ani też nie jest moją własną idea, iż kryzysy są punktem wyjścia do rzeczywistości, która przekracza nasze najśmielsze marzenia. Obie te koncepcje istniały od tysiącleci, ale dopiero teraz zaczęły się wyraźnie pojawiać, ponieważ po raz pierwszy został spełniony konieczny, podwójny warunek: ludzie są wystarczająco zdesperowani, aby poszukiwać rozwiązania, oraz wystarczająco jasne wyjaśnienie tego rozwiązania jest ogólnie dostępne. Jeśli chodzi o moją rolę w ujawnieniu tych koncepcji, zamyka się ona w sferze ich prezentacji i w ułatwieniu ich zrozumienia. Jednakże, o ile szczerze wierzę w słuszność tych idei, niemniej nie zastrzegam sobie do nich żadnych praw własności. Są to rozwiązania i pomysły, których nauczyłem się od swoich nauczycieli przez okres wielu lat.

Mam nadzieję pokazać to w kolejnych rozdziałach tej ksiązki, współczesna nauka oraz nowoczesna myśl pozwalają teraz spełnić te warunki i zaprezentować wiekowy paradygmat, wyjaśniony w nauce Kabały. Dzięki fizyce kwantowej, która odważyła się zakwestionować newtonowski paradygmat rzeczywistości, możemy uważać takie pojęcia, jak „jedność rzeczywistości", za godne uwagi. Natomiast dzięki filozofii, która ofiarnie kultywowała ideę wolnej myśli, możemy teraz dzielić się tymi ideami i uczyć się od siebie wzajemnie.

Dlatego też, chociaż pojęcia, które zamierzam tutaj wprowadzić, są całkowicie kabalistyczne, pokażę, iż wiele z nich posiada swoje odpowiedniki we współczesnej nauce. Mam nadzieję, iż w duchu pluralizmu spotkają się one z otwartym umysłem i otwartym sercem. A jeśli przedstawione tutaj poglądy skłonią do kontemplacji chociażby jednego czytelnika, to moja nagroda za trud będzie pełna.

Michael Laitman

Wstęp

W chwili pisania tych słów świat wciąż jest niestabilny z powodu najdłuższej recesji od czasów drugiej wojny światowej. Dziesiątki milionów ludzi na całym świecie straciły pracę, oszczędności, swoje domy, ale co najważniejsze - nadzieję na przyszłość.

Nasze zdrowie, jak się wydaje, nie jest w lepszym stanie niż nasze bogactwo. Współczesna medycyna – duma i radość cywilizacji zachodniej – zmaga się z ponownie pojawiającymi się chorobami, które wcześniej uważano za wymarłe. Według raportu opublikowanego przez Global Health Council „choroby, kiedyś uważane za będące pod kontrolą człowieka, pojawiły się ponownie jako główne zagrożenia globalne. Pojawienie się lekoopornych szczepów bakterii, wirusów i innych pasożytów stanowi nowe wyzwanie w zwalczaniu chorób zakaźnych. Współwystępowanie wielu chorób stwarza problemy w zapobieganiu i leczeniu infekcji". [1]

Ziemia także nie jest tak gościnna, jak kiedyś. Książki, takie jak *Zemsta Gai* Jamesa Lovelocka [2], *Punkt Chaosu* Erwina Laszlo [3], oraz filmy, na przykład *Niewygodna prawda* Ala Gore'a, to jedynie trzy przykłady całej masy alarmujących raportów na temat pogarszającego się klimatu Ziemi.

Wraz z globalnym ociepleniem, topiącym czapy lodowe na biegunach, poziom morza nieustannie wzrasta. Spowodowało to już dramatyczne zmiany i tragiczne wydarzenia. W raporcie Stephana Farisa zamieszczonym w *Scientific American* [4] wymieniono niektóre z tych miejsc, które już zostały poważnie dotknięte zmianami klimatycznymi. W Darfurze starcia pomiędzy koczowniczymi a osiedlonymi plemionami, które wybuchły w związku z kilkudziesięcioletnią suszą, przerodziły się w rebelię przeciwko zaniedbaniom sudańskiego rządu. Następnie kryzys ten rozlał się na tereny Czadu oraz Republiki Środkowoafrykańskiej. Również w tym samym raporcie można przeczytać, że władze wyspy na Pacyfiku, należącej do narodu Kiribati, ogłosiły swoje ziemie niemożliwe do zamieszkania i poprosiły o pomoc w ewakuacji ludności. W marcu 2009 roku Peter Popham, piszący dla *The Independent*, dostarczył nam spojrzenia pod innym kątem na problem światowego klimatu: „Globalne ocieplenie powoduje topnienie alpejskich lodowców tak szybko, że Włochy i Szwajcaria zdecydowały, iż muszą ponownie nakreślić granice swoich państw w celu uwzględnienia nowych realiów". [5]

Bardziej tragicznym skutkiem zmian klimatycznych jest głód, spowodowany przez długotrwałe susze na niektórych obszarach i ciągłe powodzie na innych. Według Światowego Programu Żywnościowego prawie miliard (1 000 000 000) ludzi na całym świecie jest nieustannie głodnych. Co gorsza, ponad dziewięć milionów (9 000 000) ludzi umiera każdego roku z głodu i przyczyn z nim związanych, z czego ponad połowa to dzieci. [6] Oznacza to, że dzisiaj, w najbardziej zaawansowanej technologicznie erze w dziejach ludzkości, jedno dziecko umiera co sześć sekund z powodu braku żywności oraz wody.

W naszych domach także pojawiają się coraz liczniejsze problemy. *The New York Times* [7] poinformował, iż według spisu opublikowanego przez *American Community Survey* liczba rozwodów wzrosła do takiego stopnia, że obecnie jest więcej nieformalnych par w Ameryce niż małżeństw. Po raz pierwszy w historii rodzice samotnie wychowujące dzieci są normą, a wyjątki stanowią rodziny z dwojgiem rodziców.

Wielu naukowców, polityków, organizacji pozarządowych i organizacji związanych z ONZ ostrzega, że ludzkość stoi przed ryzykiem bezprecedensowych katastrof w skali globalnej. Wszystko - od zmutowanej ptasiej grypy, poprzez wojnę atomową, do ogromnego trzęsienia ziemi, może zniszczyć miliony ludzi, a miliardy zepchnąć do poziomu nędzy.

Niemniej jednak kryzysy miały miejsce w całej naszej historii. Nasza epoka nie jest pierwszą, w której ludzkość jest w stanie zagrożenia. Pandemia dżumy w XIV wieku oraz dwie wojny światowe niewątpliwie stanowiły większe zagrożenie niż to, które niesie ze sobą nasza obecna sytuacja. Jednakże co odróżnia obecny kryzys od poprzednich jest to napięcie charakteryzujące obecny stan ludzkości. Nasze społeczeństwo osiągnęło skrajności w dwóch kierunkach, które wydają się być sprzeczne ze sobą - globalizację i współzależność, którą ona powoduje, z jednej strony oraz rosnącą alienację i indywidualny, społeczny, a także polityczny narcyzm z drugiej strony. I to właśnie jest gotowym przepisem na katastrofę, jakiej świat nigdy jeszcze nie widział, czy to w sektorze finansowym, czy też poza nim.

Dzisiaj globalizacja oznacza znacznie więcej niż jedynie współzależność finansową. Staliśmy się globalnie połączeni ze sobą w każdej dziedzinie życia: komputery i telewizory, których używamy do rozrywki, pochodzą (głównie, ale nie wyłącznie) z Chin, Tajwanu i Korei. Samochody, którymi jeździmy, są zmontowane (głównie) w Japonii, Europie i Stanach Zjednoczonych, ale ich części są produkowane w wielu innych krajach. Ubrania, które nosimy, często pochodzą z Indii oraz Chin, natomiast jedzenie w naszych lodówkach pochodzi z całego świata.

Co więcej, miliony ludzi na całym świecie oglądają filmy z Hollywood i uczą się angielskiego. W rzeczywistości z około 1,4 mld anglojęzycznych osób na całym świecie tylko 450 milionów to rodzimi użytkownicy języka angielskiego, a same Chiny 'produkują' ponad dwadzieścia milionów nowych użytkowników języka angielskiego rocznie, jak donosiła gazeta *Asia Times* w dniu 15 września 2006 w historii zatytułowanej „'Rodowity angielski' traci swoją moc". [8]

W dniu 8 marca 2009 roku ekonomista z Wachovia Corp. Mark Vitner dostarczył bardzo namacalnego opisu sytuacji w zglobalizowanym świecie, kiedy opisał wzajemne powiązania rynków kredytowych na MSNBC: „To tak, jakby próbować rozdzielić na powrót jajka w jajecznicy. Nie można tego zrobić w łatwy sposób. Nie wiem, czy w ogóle można to zrobić". [9]

Niemniej problem globalizacji nie polega jedynie na tym, że łączy nas ze sobą; czyni on nas także *współzależnymi*, ale zamiast korzystać z tych zależności w celu rozwijania się, zaangażowaliśmy się w nieustanną próbę sił. Co by się stało z krajami bogatymi w ropę, gdyby świat nagle przestawił się na energię słoneczną i wiatrową? Co stałoby się z Ameryką, gdyby Chiny przestały kupować dolary? Co stałoby się z Chinami, Japonią, Indiami i Koreą, gdyby Amerykanie nie mieli dolarów na zakupy azjatyckich produktów? A jeśli zachodni turyści przestaliby podróżować, to co stałoby się z setkami milionów ludzi na całym świecie, którzy utrzymują swoje rodziny dzięki hedonizmowi Zachodu?

Dziennikarz Fareed Zakaria wymownie opisał to wzajemne uwikłanie w artykule *Newsweeka* pod tytułem „Wyciągajcie portfele: Świat potrzebuje kupujących Amerykanów”: „Gdyby któryś z gospodarczych bogów powiedział mi, że mógłbym poznać odpowiedź na jedno pytanie w kwestii losów globalnej gospodarki... to ja chciałbym zapytać: ‚Kiedy amerykański konsument zacznie znów wydawać pieniądze?‘„ [10] Rzeczywiście, staliśmy się globalną wioską, całkowicie zależni od siebie nawzajem dla naszego utrzymania.

Jednakże współzależność jest jedynie częścią dzisiejszego skomplikowanego obrazu. Wraz ze stawaniem się coraz bardziej globalnymi, staliśmy się również coraz bardziej egocentryczni lub, jak psychologowie Jean M.Twenge i Keith Campbell opisują to: „coraz bardziej narcystyczni”. [11] W swojej wnikliwej książce *Epidemia narcyzmu: Życie w epoce uprawnień* Twenge i Campbell mówią o tym, co nazywamy „Nieustający rozwój narcyzmu w naszej kulturze” [12], oraz o problemach, które on wywołuje. Wyjaśniają, że „Stany Zjednoczone obecnie cierpią na istną epidemię narcyzmu. ...cechy osobowości narcystycznej rozwinęły się tak szybko, jak otyłość”. Co gorsza - kontynuują

- wzrost poziomu narcyzmu przyspiesza, a wyniki opisujące zjawisko z pierwszych lat 21 wieku rosną szybciej niż we wszystkich poprzednich dekadach. W 2006 r. 1 na 4 studentów odpowiedział pozytywnie na większość pytań standardowej miary cech narcystycznych. Obecnie jest tak, jak ujął to piosenkarz Little Jackie, mówiąc, iż wiele osób uważa, że „Tak, proszę pana, cały świat powinien obracać się wokół mnie". [13] W słowniku Webstera narcyzm jest zdefiniowany jako „egoizm", a to, dosadnie mówiąc, oznacza, iż staliśmy się niemożliwie samolubni.

Tak więc nasz problem jest dwojaki: z jednej strony jesteśmy współzależni; z drugiej strony stajemy się coraz bardziej narcystyczni i wyobcowani. Staramy się żyć na dwa sposoby, które po prostu nie dają się pogodzić: współzależność oraz alienacja. Być może dlatego spędzamy niezliczone godziny, czatując z „wirtualnymi przyjaciółmi" na portalach społecznościowych online, ale często jesteśmy zimni i nieczuli wobec naszych krewnych w domu. Gdybyśmy byli jedynie współzależni, zjednoczylibyśmy się, wspierając się wzajemnie, i bylibyśmy szczęśliwymi ludźmi. I odwrotnie, gdybyśmy byli jedynie samolubni, rozdzielilibyśmy się i żylibyśmy samotnie. Jednakże jeśli jesteśmy zarówno współzależni, jak i samolubni, żaden z tych sposobów nie działa!

I to w istocie jest podstawą tego kryzysu: nasza współzależność wymaga od nas wspólnego działania, ale nasz egoizm powoduje, iż oszukujemy i wykorzystujemy się nawzajem. W rezultacie tego formy współpracy, które wypracowujemy tak ciężko, ulegają rozpadowi, co prowadzi do nieustannych kryzysów.

Stąd też cel tej książki jest dwojaki: 1) rzucić światło na przyczynę naszej współzależności z jednej strony oraz naszego egocentryzmu z drugiej strony; a także 2) krótko nakreślić realny *modus operandi* w celu połączenia tych pozornie sprzecznych cech na naszą korzyść. Aby poradzić sobie z pierwszym celem, wytłumaczę, czego dowiedziałem się dzięki Kabale o strukturze przyrody, a w szczególności o ludzkiej naturze. Aby osiągnąć ten drugi cel, połączę idee wielkiego dwudziestowiecznego kabalisty Jehudy Aszlaga, a także innych wielkich kabalistów z sugestiami współczesnych naukowców i badaczy z innych dyscyplin nauki.

W mądrości Kabały odkryłem to, co uważam za realne rozwiązanie bieżących globalnych problemów, i czuję wdzięczność, iż dano mi szansę zaprezentowania tego. Jest moją nadzieją i też przekonaniem, iż poprzez idee oferowane przez Kabałę możemy uratować samych siebie, a także Wielką Niebieską Kulę, na której żyjemy.

[1]   Global Health Council, "Global View" (2009), http://www.globalhealth.org/infectious_diseases/global_view/

[2]   James Lovelock, *The Revenge of Gaia: Earth's Climate Crisis & The Fate of Humanity* (New York: Basic Books, 2006)

[3]   Ervin Laszlo, *The Chaos Point: The World at the Crossroads* (Charlottesville, VA: Hampton Roads, 2006)

[4]   Stephan Faris, "Top 10 Places Already Affected by Climate Change," *Scientific American* 54 (December 23, 2008), http://www.scientificamerican.com/article.cfm?id=top-10-places--already-affected-by-climate-change

[5]   Peter Popham, "Melting snow prompts border change between Switzerland and Italy," *The Independent* (24 March, 2009), http://www.independent.co.uk/news/world/europe/melting-snows-prompt-border-change-between-switzerland-and-italy-1653181.html)

[6]   World Food Programme, "Hunger Stats" (2009), http://www. wfp.org/hunger/stats

[7]   Sam Roberts, "To Be Married Means to Be Outnumbered," *The New York Times* (October 15, 2006), http://www.nytimes. com/2006/10/15/us/15census.html?scp=1&sq=To%20Be%20 Married%20Means%20to%20Be%20Outnumbered&st=cse

[8]   Indrajit Basu, "'Native English' is losing its power," *Asia Times* (September 15, 2006), http://www.atimes.com/atimes/South_ Asia/HI15Df01.html

[9]   Associated Press, "Recession will likely be longest in postwar era," MSNBC (March, 2009), http://www.msnbc.msn.com/ id/29582828/wid/1/page/2/

[10] Fareed Zakaria, "Get Out the Wallets: The world needs Americans to spend, *Newsweek* (August 1, 2009), http://www. newsweek.com/2009/07/31/get-out-the-wallets.html

[11] Jean M. Twenge and W. Keith Campbell, *The Narcissism Epidemic: Living in the Age of Entitlement* (New York: Free Press, A Division of Simon & Schuster, Inc. 2009), 78

[12] Jean M. Twenge and W. Keith Campbell, *The Narcissism Epidemic*, 1

[13] Jean M. Twenge and W. Keith Campbell, *The Narcissism Epidemic*, 1-2

Rozdział 1
Człowiek w poszukiwaniu jedności

Kiedy w sierpniu 2008 r. wybuchł najpoważniejszy kryzys finansowy od czasów Wielkiego Kryzysu, wielu polityków i finansistów na kluczowych stanowiskach podkreślało potrzebę jedności i współpracy. Wyrazili oni potrzebę powstrzymania egocentrycznych nastrojów, dominujących na Wall Street, i wyrazili obawy przed tendencjami separatystycznymi oraz protekcjonistycznymi. Nagłówki, takie jak w *Economic Times* „Liderzy świata w poszukiwaniu jedności na rzecz walki z kryzysem finansowym" [1], przeważały w prasie na całym świecie, sygnalizując ogólną chęć do zjednoczenia i współpracy w obliczu ekonomicznej niepewności.

Na pierwszy rzut oka taki nastrój jest zrozumiały, jeśli nie pożądany. W końcu finansiści świata wiedzieli, że ich instytucje są ze sobą tak silnie powiązane, że jeśli jedna z nich upadłaby, inne poszłyby za jej przykładem, a politycy zostali ostrzeżeni, że jeśli nie wesprą finansowo banków w swoich krajach, ich gospodarka upadnie, rozpoczynając efekt domina, który pogrążyłby całą gospodarkę światową.

Jednakże w obliczu kryzysu naturalnym jest działanie przeciwne do procesu jednoczenia: odseparuj się i chroń, co twoje. Wydaje się, iż jest to bezpieczniejsza droga niż łączenie sił z „obcymi", zwłaszcza gdy obcy są uważani za winowajców lub co najmniej za tych, którzy przyczynili się do tej trudnej sytuacji.

Tak więc Ameryka – kraj, ogólnie uznany za głównego sprawcę wybuchu i szybkiej eskalacji kryzysu finansowego - nie doznała izolacji, ponieważ wzajemne powiązania gospodarki światowej zmuszają gospodarki takich krajów, jak Chiny, aby kupowały dolary i tym samym zapewniały utrzymanie gospodarce amerykańskiej.

Politykom wydaje się to bardziej naturalne, aby preferować swoje własne kraje, tak jak było to w przypadku brytyjskich ceł zbożowych w XIX wieku oraz w kwestii ustawy prezydenta Hoovera z 1933 r. „Kupuj amerykańskie". Jednak w czasie, kiedy chwieje się delikatna równowaga pomiędzy współpracą i egoizmem, analizujemy szkody wyrządzone przez kryzys finansowy i odkrywamy, iż większość głosów broni jedności i jednocześnie potępia protekcjonizm oraz separację. Dlaczego tak się dzieje?

Jeśli przeanalizujemy to pytanie z czysto ekonomicznej czy też psychologicznej perspektywy, nie otrzymamy jednoznacznej odpowiedzi. Kiedy jednak spojrzymy na nie z perspektywy nauki Kabały, przekonamy się, że siły, zaangażowane w stosunki międzynarodowe czy wręcz we wszelkie inne relacje, są siłami integracji, a nie izolacji. Są one o wiele silniejsze niż jakikolwiek racjonalny lub irracjonalny proces podejmowania decyzji i decydują o naszych działaniach, stojąc „za kulisami" wydarzeń.

Na poziomie międzynarodowym siły te decydują o globalnym handlu, polityce, traktatach, konfliktach i ekologii. Natomiast na szczeblu krajowym określają trendy w edukacji, polityce socjalnej, mediach oraz gospodarce lokalnej. Na poziomie osobistym określają nasze relacje z naszymi rodzinami, a na najgłębszym poziomie naszej egzystencji determinują ewolucję - naszą oraz każdego innego elementu przyrody.

Kiedy zrozumiemy te siły, pojmiemy wtedy, dlaczego Napoleon na przykład 'odgryzł' więcej niż był w stanie przeżuć, kiedy to próbował podbić Rosję, dlaczego Hitler zrobił to samo (i to na dodatek w tym samym kraju) oraz dlaczego Bernard Madoff nie mógł przestać, dopóki nie został powstrzymany. Syndrom nazywany „o jeden most za daleko" jest typową ludzką pułapką, w którą wpadli najwięksi światowi przywódcy i niedoszli liderzy. W rzeczy samej siły, które każą nam zachowywać się tak, jak to robimy, są w tak dużej mierze częścią nas i naszego świata, że nie rozpoznawanie ich niesie ze sobą ryzyko, na które nie możemy sobie pozwolić.

Aby zrozumieć siły i elementy, które tworzą rzeczywistość i utrzymują ją na jej kursie, musimy najpierw poznać ich źródło oraz ich ostateczne cele. W przeciwnym wypadku wysiłki, żeby zrozumieć rzeczywistość, są jak próba zrozumienia działania samochodu - jego silnika, połączenia silnika ze skrzynią biegów, sposobu przeniesienia napędu na koła i tak dalej - bez wyjaśnienia, że samochód to maszyna zbudowana do przewozu osób w sposób bezpieczny, wygodny i szybki z miejsca A na miejsce B. Bez wyjaśnienia celu istnienia samochodu w ogóle jaki sens ma dyskusja na temat jego budowy?

Podobnie jak nauka, Kabała bada wewnętrzne funkcjonowanie rzeczywistości. Jednakże w przeciwieństwie do nauki, która obserwuje zjawiska i formułuje teorie odnośnie ich celu, Kabała najpierw widzi cel i z jego perspektywy objaśnia strukturę. Celem tym, jak wyjaśnia Kabała, jest to, aby każdy człowiek na świecie odkrył jedyną, fundamentalną siłę, która tworzy i rządzi wszelkim życiem. Innymi słowy, celem Kabały jest to, aby każdy człowiek odkrył stwórczą siłę życia, zrozumiał ją i czerpał wszelkie możliwe korzyści, jakie daje to odkrycie.

Dwudziestowieczny kabalista Jehuda Aszlag, znany jako Baal HaSulam (Właściciel Drabiny) ze względu na jego komentarz *Sulam* (*Drabina*) *do Księgi Zohar*, opisał Kabałę i cel życia w następujący sposób: „Ta mądrość jest nie więcej i nie mniej aniżeli sekwencją korzeni, które rozchodzą się na zasadzie przyczyny i skutku za pomocą stałych, ustalonych reguł, przeplatających się ze sobą do osiągnięcia jedynego, wzniosłego celu opisanego jako ‚objawienie Stwórcy Jego stworzeniom na tym świecie'". [2] Nasze życie jest środkiem, dzięki któremu możemy osiągnąć ten cel. Stąd kabaliści uważają, iż zjawiska fizyczne, historyczne i społeczne na świecie są etapami w kierunku osiągnięcia celu końcowego i właśnie z tej perspektywy omówimy historię i obecny stan ludzkości.

Ukryta panująca jedność

Kabała z pewnością nie jest jedyną nauką, jaka kiedykolwiek badała ukryte siły natury działające 'za kulisami' na nasz świat. Według *Encyklopedii Britannica* „Teoria mechaniki Newtona, znana jako mechanika klasyczna, dokładnie reprezentowała skutki sił w każdych warunkach znanych w tamtym czasie. ...teoria ta została zmodyfikowana i rozszerzona przez teorie mechaniki kwantowej oraz teorię względności". [3] Innymi słowy, w wielkim uogólnieniu, w XX wieku nauka nie była już usatysfakcjonowana z teorii Newtona, ponieważ była niewystarczająca, aby wyjaśnić wszystkie obserwowane zjawiska natury.

W drugiej połowie XX wieku naukowcy zdali sobie sprawę, iż nowe teorie także były dalekie od wyjaśnienia wszystkich zjawisk natury. Spowodowało to poszukiwanie Wielkiej Zjednoczonej Teorii (GUT). „Marzeniem fizyków teoretyków - *według Encyklopedii Britannica* - jest znalezienie całkowicie ujednoliconej teorii - teorii wszystkiego, czyli TOE (Theory of Everything)". [4]

W tym, co wydaje się równoznaczne z dążeniem do TOE, wielu wybitnych fizyków teoretycznych zaczęło twierdzić, iż na najbardziej fundamentalnym poziomie my oraz wszystkie inne części rzeczywistości są właściwie jednością. Wybitny fizyk teoretyk Werner Heisenberg powiedział: „Jest to podstawowy błąd, aby oddzielać części od całości, błąd atomizowania tego, co nie powinno być atomizowane. Jedność i komplementarność stanowią całą rzeczywistość". [5]

Współczesny Heisenberga i współtwórca fizyki kwantowej Erwin Schrödinger stwierdził w swoim eseju „Mistyczna wizja", iż „Różnorodność, jaką postrzegamy, jest tylko złudzeniem; nie jest ona prawdziwa". [6] Nawet wielki Albert Einstein w piśmie z roku 1950 oświadczył: „Istota ludzka jest częścią całości zwanej przez nas wszechświatem. ...Doświadczamy samych siebie, naszych myśli i uczuć jako czegoś odrębnego od reszty - coś w rodzaju złudzenia optycznego świadomości". [7]

Jednakże dowiedzenie, iż wszystkie części rzeczywistości są przejawami jednej całości, lub też opracowanie TOE, która odnosi się do wszystkich części rzeczywistości, wymagałoby paradygmatu, który działałby na wszystkich poziomach życia - fizycznym, psychicznym i intelektualnym. I tutaj fizykom kończy się ich pole widzenia. Nawet najbardziej zaawansowani fizycy nie potrafią wyjaśnić *wszystkich* obserwowanych zjawisk natury.

W szczególności pełne wyjaśnienie zjawiska zwanego „świadomością" wymyka się naukowcom wszystkich dziedzin. Jednakże świadomość nie tylko jest obecna, ale *nieodmiennie* wpływa na wyniki eksperymentów naukowych. W tym względzie dr Johnston Laurance, były dyrektor Narodowego Instytutu Zdrowia Dziecka i Rozwoju Człowieka, opublikował następujące oświadczenie w eseju zatytułowanym „Obiektywna nauka: nieodłączny oksymoron": „Wszystkie obserwacje naukowe - nawet na najbardziej podstawowym poziomie – pozostają pod wpływem świadomości obserwatora. W związku z tym stwierdzenie ‚Zobaczę to, kiedy w to uwierzę' jest bardziej trafne niż jego powszechnie akceptowana odwrotność. Liczne badania wykazały, iż świadomość wywiera znaczący wpływ na wiele różnych punktów końcowych, począwszy od wzrostu bakterii po wyniki pacjentów chorych na serce". [8]

W swoim eseju dr Laurance cytował kilku innych naukowców oraz myślicieli, którzy podzielają pogląd, jaki sformułował XIX-wieczny neurolog Jean Martin Charcot, uznawany za twórcę współczesnej neurologii: „W ostatecznym rozrachunku widzimy tylko to, co jesteśmy gotowi zobaczyć, co nauczono nas widzieć. Eliminujemy i ignorujemy wszystko, co nie jest częścią naszych uprzedzeń".

Tak więc jeśli obserwacja naukowa wpływa, zniekształca, czy też całkowicie eliminuje obserwowane zjawisko, jak przez to nauka może być w 100 procentach dokładna? Co więcej, czy jakiekolwiek zjawisko może być w pełni zrozumiane, jeśli co najmniej jeden kluczowy czynnik wpływu – świadomość – nie nadaje się do zbadania i obserwacji?

To właśnie w tym miejscu wkracza filozofia, aby uzupełnić naukę i wypełnić luki niepewności. Wielu wielkich myślicieli uczyniło to, wyrażając ideę „jedności rzeczywistości". Zenon z Kition, wielki starożytny grecki filozof, stwierdził: „Wszystkie rzeczy są częściami jednego systemu, który zwany jest naturą". [9]

Podobnie, niemiecki filozof i matematyk W.G. Leibniz wyraził się następująco w *Pismach filozoficznych*: „Rzeczywistości nie można odnaleźć inaczej, jak w jednym źródle z powodu wzajemnego połączenia wszystkich rzeczy ze sobą". [10]

Z pewnością byłoby miło uwierzyć w ten doskonały obraz jedności, związku i wzajemnych powiązań pomiędzy wszystkimi rzeczami. Ale jakkolwiek elokwentni mogą wydawać się filozofowie, prawdziwemu poszukiwaczowi prawdy trudno jest zaakceptować jakąś ideę tylko dlatego, że „brzmi" pięknie lub prawdziwie.

Koniec końców jedynym naprawdę ważnym sprawdzianem dla teorii oraz idei jest *osobiste doświadczenie*.

Wszakże to, co wydaje się przekonujące i prawdziwe dla jednego człowieka, może okazać się zupełnie fałszywe dla drugiego. Jeśli przepuścimy promień światła przez pryzmat, rozdzieli on światło na wszystkie kolory tęczy. Ale jeśli osoba, której to pokażesz, cierpi na monochromatyzm (całkowity daltonizm), nie będzie miało znaczenia, jakie nazwy nadasz tym odcieniom szarości, które ona zobaczy. Dla tego człowieka wszystkie one będą szare. Podobnie, o ile fizycy i filozofowie mogą mieć rację w swoich obserwacjach, dotyczących jedności i niepodzielności rzeczywistości, aby zaakceptować tę jedność jako fakt, ludzie muszą *doświadczyć* tego sami.

Chociaż doświadczanie jedności rzeczywistości może wydawać się mistyczne dla wielu, powyższe cytaty dowodzą, iż wielu zwolenników tego poglądu to szanowani naukowcy, a niektórzy z nich są nawet laureatami nagrody Nobla. W rzeczy samej potrzeba bardziej kompletnego i jednolitego obrazu rzeczywistości nie powstała wraz z pojawieniem się fizyki kwantowej, a nawet wraz z Einsteinem. Wcześniej, w roku 1879, angielski chemik i fizyk William Crookes oświadczył: „Właściwie doszliśmy do granicy, gdzie materia i siła wydają się scalać ze sobą. ...Ośmielam się sądzić, iż największe problemy naukowe przyszłości znajdą swoje rozwiązanie na obszarze tej granicy, a nawet poza nią: w tym miejscu, jak mi się wydaje, leży ostateczna rzeczywistość, subtelna, dalekosiężna, cudowna". [11]

Rzeczywiście, dzięki moim poszukiwaniom w nauce generalnie, a w Kabale w szczególności, odkryłem, iż intuicja Crookesa była dokładna, ponieważ, jak wyjaśniłem powyżej, Kabała bierze pod uwagę najpierw cel końcowy, a od niego dopiero wyjaśnia całą strukturę. A ponieważ rzeczywistość jest narzędziem, za pomocą którego można osiągnąć ten cel, Kabała jest ze swojej natury Wielką Jednolitą Teorią - Teorią Wszystkiego, która pozwala nam zrozumieć cały zakres rzeczywistości i faktycznie doświadczyć jej jako jedność.

Prekursor z Babilonu

Zanim zagłębimy się w zasady tej wielkiej (i rzeczywiście), jednolitej teorii zwanej Kabałą, musimy najpierw zrozumieć, w jaki sposób ona powstała, i oddać szacunek jej „protoplaście". Pozwólmy sobie na chwilę odbyć podróż w czasie do starożytnej Mezopotamii, kolebki cywilizacji. Około czterech tysięcy lat temu położone w rozległym i żyznym pasie ziemi między rzekami Tygrys i Eufrat, co dziś stanowi terytorium Iraku, miasto-państwo o nazwie Babel było siedzibą kwitnącej cywilizacji. Tętniące życiem i obfite w wydarzenia, stanowiło centrum handlowe całego starożytnego świata.

Babel, serce dynamicznej cywilizacji, którą obecnie nazywamy „starożytnym Babilonem", stanowił istny tygiel narodów i był idealnym miejscem dla licznych systemów wiary i nauk. Jego mieszkańcy praktykowali różnego rodzaju bałwochwalstwo, a wśród najbardziej szanowanych ludzi w Babel był kapłan imieniem Abraham, który był lokalnym autorytetem w praktyce bałwochwalstwa, podobnie jak jego ojciec, Terach.

Jednak Abraham posiadał bardzo szczególną cechę: był niezwykle spostrzegawczy i, jak wszyscy wielcy uczeni, charakteryzował się prawdziwym zapałem do poznania prawdy. Wielki

XII-wieczny uczony Majmonides (znany także jako Rambam) opisał determinację Abrahama i jego wysiłki w celu odkrycia prawd życiowych w swojej księdze *Silna ręka*: „Odkąd ten stanowczy człowiek został odstawiony od piersi, zaczął się zastanawiać. ...Zaczął kontemplować dzień i noc i zastanawiał się, jak jest to możliwe, aby to koło (życia) toczyło się nieustannie bez woźnicy? Czy któż nim obraca, gdyż samo z siebie nie może się toczyć? I nie miał on ani nauczyciela, ani tez opiekuna. Mało tego, tkwił niczym klin w Ur chaldejskim pośród niepiśmiennych bałwochwalców wraz z matką i ojcem oraz wszystkimi innymi ludźmi, którzy oddawali hołd gwiazdom, a on czcił je też z nimi". [12]

W swoich poszukiwaniach Abraham dowiedział się, co leży poza granicą, którą opisał Crookes wiele wieków później. Odnalazł harmonię, jedność rzeczywistości, jaką Heisenberg, Schrödinger, Einstein, Leibniz i inni intuicyjnie wyczuwali. Według słów Majmonidesa „On [Abraham] osiągnął drogę prawdy i zrozumiał działanie sprawiedliwości dzięki własnej mądrości. I wiedział, iż istnieje jeden Bóg, który prowadzi... i że On stworzył wszystko, i że we wszystkim, co istnieje, nie ma innego Boga prócz Niego". [13]

(Aby zinterpretować te fragmenty w sposób prawidłowy, ważnym jest, aby pamiętać, że kiedy Kabaliści mówią o Bogu, nie używają tego pojęcia w sensie religijnym - jako wszechmocnej istoty, którą należy czcić, zadawalać i błagać, a która w zamian za to nagradza pobożnych wierzących zdrowiem, bogactwem, długim życiem lub wszystkim tym jednocześnie. Zamiast tego kabaliści utożsamiają Boga z naturą, *całą Naturą*. Najbardziej jednoznaczne wypowiedzi na temat znaczenia określenia „Bóg" zostały zredagowane przez Baal HaSulama, którego pisma tłumaczą, iż Bóg jest synonimem Natury.

Na przykład w swoim eseju „Pokój” pisze on (w nieco edytowanym fragmencie): „W celu uniknięcia od tego momentu konieczności używania obu języków - Natura i Zarządzający, pomiędzy którymi, jak pokazano, nie ma różnicy... - jest dla nas najlepsze, aby... zaakceptować słowa kabalistów, iż *HaTeva* (Natura) jest to samo... co *Elokim* (Bóg). Wtedy będę mógł nazywać prawa Boże 'przykazaniami Natury' i vice versa, gdyż są one jednym i tym samym i nie musimy już dłużej o tym dyskutować".) [14]

„W wieku czterdziestu lat", pisze Majmonides, „Abraham poznał swojego Stwórcę", jednolite prawo Natury, które stwarza wszystkie rzeczy. Jednakże Abraham nie zatrzymał swojego odkrycia dla siebie: „zaczął udzielać odpowiedzi ludziom z Ur chaldejskiego i rozmawiać z nimi, a także powiedział im, iż droga, którą szli, nie była drogą prawdy". [15] Niestety, tak jak w przypadku Galileusza, który był po nim, oraz wielu innych wielkich prekursorów w całej historii, Abraham musiał stawić czoło establishmentowi, którym w jego przypadku był Nimrod, władca Babel.

Midrasz Rabba, starożytny tekst napisany przez mędrców hebrajskich w 5 wieku n.e., prezentuje żywy opis konfrontacji Abrahama z Nimrodem, a także zabawny wgląd na zapał Abrahama: „Terach [ojciec Abrahama] był czcicielem bożków [który również utrzymywał się ze sprzedaży statuetek w rodzinnym sklepie]. Pewnego razu ojciec udał się w podróż i nakazał Abrahamowi zastąpić go w sklepie. Kiedy do sklepu wszedł jakiś mężczyzna i chciał kupić figurkę, on [Abraham] zapytał go: 'Ile masz lat?'. A tamten człowiek odpowiedział, że pięćdziesiąt czy tam sześćdziesiąt. Wtedy to Abraham powiedział mu: 'Biada temu, kto ma sześćdziesiąt lat i musi czcić jednodniową figurę'. Mężczyzna na te słowa zawstydził się i odszedł".

„Innym razem do sklepu weszła kobieta z miską mąki. Powiedziała mu: 'Proszę, ofiaruj to posągom'. Abraham wstał, wziął młotek, rozbił wszystkie posągi, a następnie umieścił młotek w ręce największego z nich. Kiedy nadszedł jego ojciec, zapytał go: 'Kto to im uczynił?' Abraham odpowiedział: 'Pewna kobieta przyszła i przyniosła im miskę mąki i prosiła mnie, abym im to ofiarował. Tak też zrobiłem, a wtedy jeden z nich powiedział: 'Ja będę jeść pierwszy', natomiast inny na to odrzekł: 'Nie, to ja będę jeść pierwszy'. Wtedy ten większy wstał, chwycił młotek i porozbijał je wszystkie'. Jego ojciec powiedział: 'Czy ty ze mnie żartujesz? Cóż one tam wiedzą?' Na to Abraham odpowiedział: 'Czy twoje uszy słyszą to, co mówią twoje usta?'". [16]

Wtedy to Terach się zorientował, że nie jest już w stanie zdyscyplinować swojego zuchwałego syna. „On [Terach] wziął go [Abrahama] i przekazał go Nimrodowi [który był nie tylko królem Babel, ale także biegłym w lokalnych praktykach i wierzeniach]. On [Nimrod] powiedział mu: 'Czcij ogień'. Abraham odpowiedział: 'Czy nie powinienem czcić wodę, która gasi ogień?'. Nimrod odpowiedział: 'Czcij wodę!'. Wtedy odpowiedział jemu: 'Zatem czy mam wielbić chmurę, która przynosi wodę?'. On mu powiedział: 'Czcij chmurę!'".

„On [Abraham] powiedział jemu: 'W takim razie czy mam wielbić wiatr, który rozprasza chmury?'. Odpowiedział wtedy mu: ‚Czcij wiatr!'. On [Abraham] powiedział: 'A czy nie powinniśmy czcić człowieka, któremu wiatr nie straszny?'. On [Nimrod] odpowiedział mu: 'Mówisz zbyt dużo; ja czczę jedynie ogień. Wrzucę cię do ognia i pozwolę, aby Bóg, którego czcisz, przyszedł i uchronił cię od niego!'".

„Haran [brat Abrahama] także tam był. Powiedział on: 'Tak czy siak jeśli Abraham wygra, powiem, iż zgadzam się z Abrahamem, natomiast jeśli wygra Nimrod, powiem, że zgadzam się z Nimrodem'. Ponieważ Abrahama wepchnięto do pieca, ale został uratowany, zapytano go [Harana]: 'Z kim jesteś?'. Odpowiedział im: 'Jestem z Abrahamem'. Zabrali go więc i rzucili w ogień, po czym zmarł w obecności swojego ojca. Zostało zatem powiedziane: 'I Haran umarł w obecności ojca swego, Teracha'". [17]

Tak więc Abraham z powodzeniem wytrzymywał próbę Nimroda, ale został wydalony z Babilonu i udał się do ziemi Haran (wymawiane Charan, aby odróżnić nazwę od Haran, imienia syna Teracha). Jednakże Abraham, prekursor z Babilonu, nie przestał dzielić się swoim odkryciem tylko dlatego, iż został wygnany z Babilonu. Szczegółowe opisy Majmonidesa mówią nam: „Zaczął on wołać na cały świat, aby powiedzieć im, że Bóg jest jeden dla całego świata... Wołał więc, wędrując od miasta do miasta i od królestwa do królestwa, aż dotarł do Kanaanu..."

„A ponieważ oni [ludzie w miejscach, dokąd zawędrował] gromadzili się wokół niego i pytali go o jego słowa, uczył wszystkich... dopóki nie sprowadził ich z powrotem na drogę prawdy. Ostatecznie dziesiątki tysięcy zebrało się wokół niego i są to ludzie z domu Abrahama. Zasadził ten dogmat w ich sercach, pisał książki na ten temat i uczył swego syna, Izaaka. Izaak usiadł, nauczał i ostrzegał, i użyczył wiedzy Jakubowi, którego wyznaczył na nauczyciela, aby ten siedział i nauczał... I Jakub, patriarcha, nauczał wszystkich swych synów i oddzielił Lewiego, powołał go na zwierzchnika i kazał mu siedzieć i uczyć się ścieżek Boga..." [18]

Aby zagwarantować, iż prawda będzie przenoszona z pokolenia na pokolenie, Abraham „nakazał swoim synom, aby nie przestawali powoływania wyznaczonych osób spośród synów Lewiego, ażeby wiedza nie została zapomniana. Trwało to i rozwijało się w synach Jakuba oraz tych, którzy im towarzyszyli". [19]

Zdumiewającym wynikiem wysiłków Abrahama były narodziny narodu, który poznał najgłębsze prawa życia, ostateczną Teorię Wszystkiego: „I naród, który zna Stwórcę, został stworzony na świecie". [20]

Rzeczywiście, Izrael nie jest jedynie nazwą narodu. W języku hebrajskim słowo Izrael (*Israel*) składa się z dwóch słów: *Jaszar* (prosto) i *El* (Bóg). Izrael oznacza *sposób myślenia* tych, którzy chcą odkryć prawo życia, Stwórcę. Innymi słowy, Izrael nie jest genetycznym przypisaniem czy też cechą; jest to raczej nazwa lub kierunek pragnienia, które przywiodło Abrahama do jego odkryć. Z genetycznego punktu widzenia pierwsi Izraelici byli głównie Babilończykami, a także członkami innych narodów, którzy dołączyli do grupy Abrahama. Było to oczywiste dla starożytnych Izraelitów. Jak pisał Majmonides, mieli oni swoich nauczycieli, Lewitów, a uczono przestrzegania podstawowych praw życia.

Dziś jednak jesteśmy świadomi faktu, że „Izrael" odnosi się do pragnienia poznania podstawowego prawa życia, Stwórcy, a nie do linii genetycznej. Prawie 2000 lat ukrycia prawdy, od upadku Drugiej Świątyni, praktycznie zatarło prawdę, że Kabała - nauka, która naucza jedności Natury (Boga) - jest dla *wszystkich* ludzi na świecie, podobnie jak Abraham chciał jej dla *wszystkich* ludzi w Babel, a następnie „zaczął wołać na cały świat", jak zostało to opisane przez Majmonidesa.

Przez te wszystkie lata jedynie kabaliści utrzymywali tę prawdę przy życiu. Kabaliści, tacy jak Elimelech z Leżajska [21], Shlomo Efraim Luntschitz [22], Chaim ibn Attar [23], Baruch Aszlag [24] oraz wielu innych wspaniałych kabalistów, pisali w prostych słowach: *Israel* oznacza *Jaszar El* (Izrael oznacza prosto do Boga).

Ponadto potrzeba odkrycia tej siły, którą opiszemy w następnych rozdziałach, jest tak istotna dzisiaj, jak nigdy do tej pory. Nic nie zmieniło się w naturze od czasów Abrahama, a prawo wspólnoty i jedności jest wciąż *jedyną* siłą, która tworzy, zarządza i podtrzymuje życie.

W gruncie rzeczy obecnie nasza potrzeba, aby to wiedzieć, jest bardziej istotna niż kiedykolwiek, ponieważ w czasach Abrahama ludzkość miała wiele dróg, którymi mogła się rozejść, i mnóstwo ziemi do zamieszkania. Dzisiaj jednak mamy do czynienia ze społeczeństwem globalnym, a każdy kryzys pojawia się już w skali światowej. Błędy, które popełniamy, zbierają swoje żniwo na *całym* świecie. Odkrycie Abrahama pomaga nam uwzględnić siłę życia w naszych obliczeniach i planach, co sprawia, iż jest to najważniejsza wiedza ratująca nasze życie.

Siła, którą odkrył i opisał swoim uczniom Abraham, jest tą samą siłą, która sprawiła, iż Napoleon podbił więcej, niż był w stanie utrzymać, i która skłania Chiny do globalizacji raczej niż do izolacji. Jednakże siła ta jest również obecna w głosach, które wychwalają protekcjonizm i separację. W globalnym świecie protekcjonizm może oznaczać koniec naszej cywilizacji. Naszą jedyną nadzieją jest zjednoczenie, ponieważ jedność jest kierunkiem siły, która napędza całe życie. Naszym wyzwaniem jest zatem, aby nauczyć się, *jak się zjednoczyć.* Jest to możliwe i prawdopodobne, jednak w czasie kryzysu będzie to wymagało uznania tej siły życiowej oraz dołożenia wzajemnych starań, aby współpracować ze sobą po to, żeby żyć w zgodzie z nakazami, jakie ta siła wyznacza.

[1]   "World Leaders Seek Unity to Fight Financial Crisis," *The Economic Times* (September 24, 2008), http://www.usatoday.com/news/world/2008-09-24-un-financial-crisis_N.htm

[2]   Yehuda Ashlag, "The Essence of the Wisdom of Kabbalah," in *Kabbalah for the Student,* ed. Gilad Shadmon, trans. Chaim Ratz (Canada: Laitman Kabbalah Publishers, 2009), 21

[3]   David L. Goodstein (Primary Contributor), "Mechanics," *Encyclopædia Britannica,* http://www.britannica.com/EBchecked/topic/371907/mechanics

[4]   "A Theory of Everything," "Subatomic Particle," *Encyclopædia Britannica,* http://www.britannica.com/EBchecked/topic/570533/subatomic-particle/254800/A-theory-of-everything

[5]   Werner Heisenberg, quoted by Ruth Nanda Anshen in *Biography of an Idea* (USA: Moyer Bell, 1987), 224

[6]   Ken Wilber, *Quantum Questions: Mystical Writings of the World's Great Physicists,* (USA: Shambhala Publications, Inc., 1984), 96

[7]   Alice Calaprice, *The New Quotable Einstein* (USA: Princeton University Press, 2005), 206

[8]   Laurance Johnston, "Objective Science: An Inherent Oxymoron" (April 2007), http://brentenergywork.com/OBJECTIVE_SCIENCE_ARTICLE.htm

[9]   Bertrand Russell, *History of western Philosophy* (London: Routledge Classics, 2004), 243

[10] Gottfried Wilhelm Leibniz, *Leibniz: Philosophical Writings* (UK: Dent, Rowman and Littlefield, 1991), 37

[11] Ernst Lehrs, *Man or Matter* (London: Rudolf Steiner Press; 2nd edition, June 1985), 58-9

[12] Rav Moshe Ben Maimon (Maimonides), *Mishneh Torah (Yad HaChazakah (The Mighty Hand))*, Part 1, "The Book of Science," Chapter 1, Item 1

[13] Rav Moshe Ben Maimon (Maimonides), *Mishneh Torah (Yad HaChazakah (The Mighty Hand)*, Part 1, "The Book of Science," Chapter 1, Item 3

[14] Yehuda Ashlag, "The Peace," in *Kabbalah for the Student*, ed. Gilad Shadmon, trans. Chaim Ratz (Canada: Laitman Kabbalah Publishers, 2009), 265

[15] Rav Moshe Ben Maimon (Maimonides), *Mishneh Torah (Yad HaChazakah (The Mighty Hand)*, Part 1, "The Book of Science," Chapter 1, Item 3

[16] *Midrash Rabbah, Beresheet*, Portion 38, Item 13

[17] *Midrash Rabbah, Beresheet*, Portion 38, Item 13

[18] Rav Moshe Ben Maimon (Maimonides), *Mishneh Torah (Yad HaChazakah (The Mighty Hand)*, Part 1, "The Book of Science," Chapter 1, Item 3

[19] Rav Moshe Ben Maimon (Maimonides), *Mishneh Torah (Yad HaChazakah (The Mighty Hand)*, Part 1, "The Book of Science," Chapter 1, Item 3

[20] Rav Moshe Ben Maimon (Maimonides), *Mishneh Torah (Yad HaChazakah (The Mighty Hand)*, Part 1, "The Book of Science," Chapter 1, Item 3

[21] Elimelech of Lizhensk, *Noam Elimelech (The Pleasantness of Elimelech)*, *Likutei Shoshana* ("Collections of the Rose") (First

published in Levov, Ukraine, 1788), obtained from http://www.daat.ac.il/daat/vl/tohen.asp?id=173

[22] Shlomo Ephraim Luntschitz, *Keli Yakar* [*Precious Vessel*]

[23] Chaim ibn Attar, *Ohr HaChaim* [*Light of Life*], *Bamidbar* [Numbers], Chapter 23, Item 8, https://sites.google.com/site/magartoratemet/tanach/orhahaym

[24] Baruch Shalom Ashlag (Rabash), *The Writings of Rabash*, Vol. 1, Article no. 9, 1988-89 (Israel: Ashlag Research Institute, 2008), 50, 82, 163

Rozdział 2
Podstawowe pragnienia

Znaczenie odkrycia Abrahama zawiera się nie tylko w jego innowacji naukowej czy ideowej, chociaż w tamtych czasach w obu tych kwestiach było ono absolutnie radykalne. Raczej zasadnicze znaczenie tego odkrycia polega na jego aspekcie *społecznym*.

Rzeczywiście, motywacja Abrahama do zadawania pytań, które ostatecznie doprowadziły do jego odkrycia, była tak samo znacząca w kwestii społecznej, jak i intelektualnej. Zauważył on, że mieszkańcy jego miasta stają się coraz bardziej wyobcowani. Przez długi czas Babilończycy stanowili dostatnie społeczeństwo, które tolerowało wiele systemów wierzeń i nauk, współistniejących w pełnej harmonii. Niemniej w czasach Abrahama ludzie stawali się coraz bardziej nietolerancyjni, zarozumiali i wyobcowani, a Abraham zastanawiał się, dlaczego tak się dzieje.

Poprzez swoje pytania i obserwację natury zdał sobie sprawę, że świat, który jawi się naszym zmysłom, jest tylko powierzchowną warstwą, która zakrywa złożoną i wspaniałą interakcję sił. Kiedy siły te przeplatają się wzajemnie w pewien sposób, wywołują pewien rodzaj rzeczywistości fizycznej lub emocjonalnej, takiej jak narodziny, śmierć, wojna, pokój oraz wszystkie inne stany pośrednie. Interakcja ta występuje nie tylko na dużą skalę, jak w przypadku poszczególnych krajów, ale także jest obecna w każdym elemencie życia, od poziomu subatomowego do międzygwiezdnego, a także od poziomu bardzo osobistego do międzynarodowego. W drugiej części tej książki przeanalizuję implikacje społeczne odkrycia Abrahama, ale aby to uczynić, musimy głębiej poznać charakter samych tych odkryć.

Proces myślowy Abrahama w odkrywaniu tych sił uwidacznia się w jego pytaniach, które były dla niego, jak określił to Neil Postman w *Końcu Edukacji,* „zasadniczym instrumentem intelektualnym dostępnym ludziom". [1] W pismach Majmonidesa czytamy, iż Abraham pytał: „Jak jest to możliwe, że koło [rzeczywistości] nieustannie obraca się bez kierującego? Któż to nim tak obraca, gdyż samo przecież nie może się kręcić?". [2] Później jego spostrzeżenia pomogły mu pokonać Nimroda w sporze, kiedy to Nimrod nakazywał mu służyć takiemu czy innemu żywiołowi, a Abraham nieustannie demonstrował mu, że te żywioły są jedynie gałęziami czegoś wyższego bez realnej samodzielnej mocy.

Tak więc poprzez nieustające rozważania i obserwacje Abraham zdał sobie sprawę, co tak naprawdę sprawia, że świat się kręci, i jak wszystkie wielkie prawdy było to niezmiernie proste: pragnienia, a ściśle mówiąc – dwa pragnienia. Pierwszym z nich jest pragnienie obdarzania, a drugim – pragnienie otrzymywania. Interakcja między tymi pragnieniami jest tym, co sprawia, że kręci się świat; jest kołem zamachowym, które napędza wszystkie rzeczy, i siłą, która tworzy wszystkie zjawiska. W terminologii kabalistycznej pragnienie obdarzania jest określane jako „Jego [Stwórcy] pragnienie czynienia dobra Swoim stworzeniom" [3], a pragnienie otrzymywania jest opisane jako „pragnienie i żądza otrzymywania rozkoszy oraz przyjemności". [4] Krótko mówiąc, kabaliści odnoszą się do nich jako „pragnienie obdarzania" i „pragnienie otrzymywania".

To proste spostrzeżenie jest tym, co Abraham starał się przekazać swoim znajomym Babilończykom, jednakże Nimrod próbował to uniemożliwić, starając się go zabić. A kiedy to się nie udało, odprawił Abrahama.

Niestety, wygnanie Abrahama nie przywróciło babilońskiego ducha przyjaźni i jedności. Ostatecznie „Pan [Stwórca, czyli Natura] pomieszał języki całej ziemi i stamtąd rozproszył ich Pan po powierzchni całej ziemi" (Rdz, 11:9).

Nie wydarzyło się to wszystko Babilończykom tylko dlatego, iż jakiś mściwy i potężny starzec zwany „Pan" żywił do nich urazę. Stało się tak, ponieważ pragnienia, które odkrył Abraham, posiadają pewien kierunek rozwoju. Nie ma tutaj miejsca na przypadkową interakcję, natomiast istnieje zbiór reguł, które rozwijają się według stałego porządku przyczynowo-skutkowego.

Kiedy Abraham odkrył te zasady, zrozumiał, że jego naród zmierza w złym kierunku, co może jedynie doprowadzić do jego ostatecznego zniszczenia, tak więc starał się ich ostrzec. Jak zobaczymy, pragnienia te są czymś tak trwałym i niezmiennym, jak grawitacja czy też dodatnie i ujemne bieguny magnesu. Ale tak samo, jak w przypadku grawitacji i biegunów magnesu, obie te siły można wykorzystać dla naszego wspólnego dobra.

Aby zrozumieć podobieństwa pomiędzy aktualnym stanem ludzkości a stanem społeczeństwa babilońskiego, a stąd też znaczenie odkrycia Abrahama w odniesieniu do obecnych globalnych kryzysów, musimy zrozumieć kierunek, w którym te dwa pragnienia ewoluują, a żeby to uczynić, musimy zacząć od samego początku.

Geneza

W swojej księdze *Drzewo Życia* wielki XVI-wieczny kabalista Izaak Luria (Ari), założyciel szkoły Kabały luriańskiej, która obecnie jest szkołą przeważającą, napisał: „Wiedz, że zanim stworzenia zostały stworzone, Wyższe Proste Światło wypełniało całą rzeczywistość. I nie było żadnego wolnego miejsca, takiego jak powietrze czy próżnia, lecz wszystko było wypełnione tym prostym, bezgranicznym Światłem". [5]

Od tamtego czasu tylko jeden kabalista odważył się opracować wyczerpujące wyjaśnienie tych głębokich słów, a także wprowadził kompletny komentarz do *Księgi Zohar* – kabalista Raw Jehuda Aszlag, Baal HaSulam. W swoim sześciotomowym komentarzu do pism Ari znanym *Talmud Eser Sefirot* (*Nauka dziesięciu Sfirot*) Baal HaSulam wyjaśnia, iż Światło, o którym mówi Ari, to „wszystkie przyjemne doznania i wyobrażenia na świecie". [6] Definiuje on także „Światło" jako „wszystko, z wyjątkiem materii naczyń [pragnień otrzymywania]". [7]

Innymi słowy, istnieją tylko dwie „istoty" w rzeczywistości: pragnienie obdarzania, dawania, które Aszlag definiuje jako „Światło", „Stwórca" czy „przyjemność" oraz pragnienie otrzymywania przyjemności, pragnienie radowania się, które nazywa on „naczynie", „stworzenie" lub „istota stworzona". W celu zrozumienia, jak cała rzeczywistość może powstać z zaledwie dwóch tych pragnień, musimy spojrzeć bardziej wnikliwie na sposób ich wzajemnych interakcji.

Cztery etapy i korzeń stworzenia

Elektryczność, grawitacja i wszystkie inne siły natury są zjawiskami ponadczasowymi. Innymi słowy, nie można wskazać konkretnego punktu w czasie, w którym one powstały, ponieważ siły natury nie są konkretnymi zdarzeniami; stanowią potencjały lub pola, które obejmują całą czasoprzestrzeń. Przejawiają się w pewnych warunkach i, posiadając odpowiednie instrumenty, możemy wykryć ich istnienie.

Aby udowodnić istnienie elektryczności, musimy posiadać jakiś opornik, taki jak żarówka lub miernik prądu. Bez czegoś, co stanowiłoby opór w przepływie prądu elektrycznego, nigdy nie moglibyśmy stwierdzić, że prąd przepływa, i nigdy nie bylibyśmy w stanie odkryć istnienia energii elektrycznej. Podobnie, aby udowodnić istnienie grawitacji, musimy zaobserwować jej wpływ na ciała fizyczne, a w celu odkrycia światła potrzebujemy obiektu, który jest oświetlany przez to światło, czyli czegoś, co zatrzymuje światło i odbija je kolejno w kierunku naszych oczu.

W dokładnie taki sam sposób kabaliści odkryli pragnienie obdarzania dzięki interakcji tego pragnienia z jego elementem oporowym - ich własnym pragnieniem otrzymywania. Kiedy oczyścili i skalibrowali swoje rezystory - pragnienia otrzymywania - byli w stanie wykryć siłę, która zarządzała tymi pragnieniami. Taki był właśnie sposób, w jaki Abraham odkrył, iż siła, która zarządzała jego pragnieniami i resztą rzeczywistości, była pragnieniem obdarzania. Taką wiedzę przekazał Abraham swoim synom i uczniom i taka jest dokładnie wiedza, jaką kabaliści przekazują od nauczyciela do ucznia, a obecnie całemu światu.

Na marginesie, różnica pomiędzy jednym a innym kabalistą nie zawiera się w samej ich wiedzy, jaką przekazują, lecz w *języku i stylu,* jaki każdy z nich używa do przekazania tej wiedzy. Powodem, dla którego opieram się głównie na pismach Aszlaga, nie jest to, iż posiadał bardziej rozległą wiedzę niż, powiedzmy, Ari. Korzystam z jego pism po prostu dlatego, że był najbliższym nam czasowo kabalistą, tak więc pisał w najbardziej współczesnym stylu. W związku z tym jest on najbardziej zrozumiały dla czytelnika w XXI wieku, który ma małe lub też żadne doświadczenie w Kabale. Im dalej cofniemy się w czasie, tym trudniej jest uchwycić pełny sens tekstów kabalistycznych.

Wracając do bieżącej dyskusji, w swojej *Nauce dziesięciu Sfirot* Aszlag mówi, że to pragnienie obdarzania stworzyło pragnienie otrzymywania jako niezbędną konsekwencję pragnienia obdarzania. [8] Innymi słowy, jako że pragnienie jest pragnieniem obdarzania, stworzyło coś, co chce otrzymywać. Tak więc podobnie jak niemożliwym jest wyjaśnienie tego, co jest dniem bez jednoczesnego zrozumienia, czym jest noc, czy też zrozumienie pojęcia „lewej strony", nie mając pojęcia, czym jest „prawa strona", niemożliwym jest, aby dostrzec pragnienie otrzymywania bez rozróżnienia pragnienia obdarzania.

Aby umieścić te kwestie we właściwym kontekście, kiedy kabaliści mówią o Stwórcy, odnoszą się do pragnienia obdarzania, natomiast kiedy mówią o stworzeniu, mają na myśli pragnienie otrzymywania tego, co Stwórca chce dać. Również kiedy prezentują dialog pomiędzy Stwórcą a stworzeniami, taki jaki znajdujemy w Biblii, to faktycznie wprowadzają swoistą interakcję pomiędzy pragnieniem obdarzania i pragnieniem otrzymywania, a nie rodzaj wymiany werbalnej pomiędzy pewnym 'agregatem białkowym' a jakimś głosem w chmurach.

W tym względzie na zakończenie swojego wprowadzenia do *Nauki dziesięciu Sfirot* (pkt. 156) Aszlag z uwagą ostrzega nas: „Jednak istnieje surowy warunek, dotyczący zagłębiania się w tę mądrość, aby nie materializować jej za pomocą wyimaginowanych i fizycznych kwestii. Jest tak dlatego, że w ten sposób narusza się przykazanie: 'Nie będziesz czynił sobie żadnego obrazu ani żadnego innego podobieństwa...' Aby uchronić czytelników od dokonywania jakiejkolwiek materializacji, napisałem książkę *Nauka dziesięciu Sfirot*, w której zebrałem z ksiąg Ari wszystkie najważniejsze prace, dotyczące wyjaśnienia dziesięciu *Sfirot* w tak prostym i łatwym języku, jak tylko potrafiłem". [9]

A zatem u podstaw istnienia nie leży materia, ale formy pragnienia otrzymywania przyjemności, stworzone poprzez interakcje z ich Stwórcą – pragnieniem obdarzania przyjemnością.

Aby odnieść takie podejście do obszaru bardziej nam znanego, pomyślcie o piorunie. Dla starożytnych Greków piorun był tradycyjną bronią Zeusa. Dla nas, współczesnych, ten sam piorun jest zaledwie „Widocznym wyładowaniem energii elektrycznej, które ma miejsce, gdy obszar chmury przejmuje nadmiar ładunku elektrycznego, wystarczającego do pokonania oporu powietrza" - jeśli odwołamy się do definicji z Encyklopedii Britannica. [10]

Podobnie, zrozumienie prawdziwego znaczenia historii Abrahama wymaga wyjaśnienia tego przez kogoś, kto zdobył wystarczającą wiedzę, aby wyjaśnić to w sposób rzeczowy, racjonalny, czyli przez kabalistę, a najlepiej takiego, którego charakteryzuje rzeczywiste zrozumienie i wystarczające umiejętności dydaktyczne – takiego jak Aszlag.

W pogoni za Zamysłem Stworzenia

W „Przedmowie do nauki Kabały" [11] Baal HaSulam dzieli początek stworzenia na pięć etapów i jedno ograniczenie, ale można je połączyć w trzy grupy. Pomyślmy o pierwszych dwóch grupach jako o samochodzie i paliwie do jego silnika oraz wyobraźmy sobie, iż trzecią grupę stanowi kierowca.

Pierwsza grupa zawiera jedynie Etap Zero, Korzeń. Jest to pragnienie obdarzania, energia, która tworzy i utrzymuje samochód o nazwie „stworzenie" (jest to bardzo stary model i nie robią już więcej takich).

Druga grupa – Etapy Jeden i Dwa – tworzy „platformę" dla ewolucji. Jest to sam samochód.

W pewnym sensie platforma, którą zbudowały te dwa etapy, przypomina to, co Richard Dawkins opisał w *Samolubnym genie* jako „pierwotna zupa", [12] oceaniczne podłoże, zawierające składniki konieczne do powstania życia.

Trzecia grupa – Etapy Trzy i Cztery - to „kierowca". Jego zadaniem jest, aby uruchomić silnik ewolucji, interakcji między pragnieniami. Jak wyjaśnimy poniżej oraz w następnym rozdziale, ograniczenie jest kołem, za pomocą którego stworzenie jest prowadzone w kierunku swojego celu: odkrywania Zamysłu Stworzenia.

Etapy Zero i Jeden

Przede wszystkim ogólny komentarz na temat etapów: odkąd Kabała zyskała popularność w ostatnich latach, niektóre z jej pojęć pojawiły się w różnych odniesieniach. Określenie *Sfira* jest często wymieniane w relacji do pochodzenia stworzenia. Jest możliwym, aby opisać proces stworzenia przy użyciu nazw *Sfirot* (l. mn. od Sfira) zamiast etapów, ale może to niepotrzebnie skomplikować sprawy. Aby zobaczyć, w jaki sposób *Sfirot* i cztery etapy odnoszą się do tego samego procesu, należy przeanalizować treść eseju zatytułowanego „Przedmowa do nauki Kabały". [13]

W kategoriach kabalistycznych istnienie pragnienia obdarzania bez pragnienia otrzymywania jest nazywane „Etapem Korzenia" lub też „Etapem Zero". Etap Korzenia bezpośrednio poprzedza jego konieczną 'gałąź' - „Etap Jeden" - pragnienie otrzymywania, które jest przesiąknięte obfitością otrzymaną od Korzenia - pragnienia obdarzania.

W konsekwencji żaden element rzeczywistości, od cząstek elementarnych do najbardziej rozległych galaktyk kosmosu, nie jest w stanie uniknąć tej dwustronnej relacji – dający/otrzymujący. Może to przejawiać się w postaci przeciwieństw: gorące vs. zimne, suche vs. mokre, małe vs. duże, odśrodkowe vs. dośrodkowe, energia vs. materia itp., niemniej wszystkie one wynikają z pierwotnego przeciwieństwa: dawania oraz otrzymywania. W celu zobrazowania tej interakcji używam strzałkę skierowaną w dół do oznaczenia pragnienia obdarzania, a misę czy inny pojemnik (zazwyczaj określany jako „naczynie") w odniesieniu do pragnienia otrzymywania (rysunek nr.1).

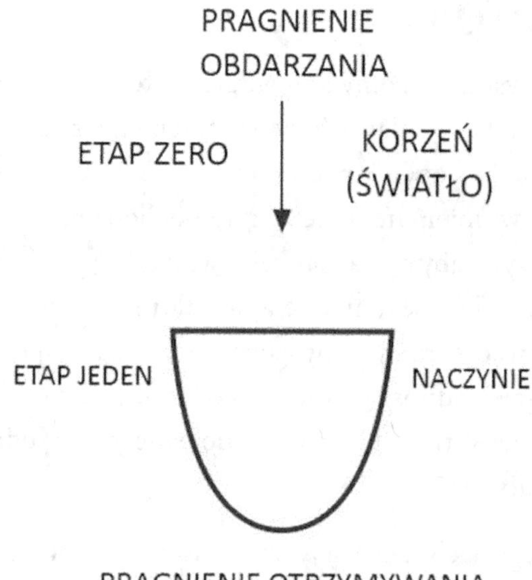

Rysunek nr 1: Etap Korzenia następuje bezpośrednio przed jego gałęzią - „Etapem Jeden" - którym jest pragnienie otrzymywania, wypełnione obfitością daną jemu przez pragnienie obdarzania. Korzeń znany jest jako „Światło", a pragnienie otrzymywania jako „naczynie".

Etap Dwa

Wynikiem spotkania pomiędzy dwoma pragnieniami na Etapie Jeden jest Etap Dwa. To właśnie jest ten etap, gdzie naprawdę zaczyna się rzeczywista interakcja pomiędzy pragnieniami. Aby zrozumieć zmianę, która następuje pomiędzy Etapem Jeden i Etapem Dwa, należy wziąć pod uwagę podziw dziecka dla swoich rodziców. Ponieważ dzieci, zwłaszcza we wczesnym dzieciństwie, idealizują swoich rodziców, starają się ich naśladować. Bacznie obserwują każdy ruch rodziców (z taką tendencją, iż chłopcy obserwują swoich ojców, a dziewczęta swoje matki), „analizują" zachowanie rodziców i starają się ich naśladować.

Współczesne badania pokazują, jak uważne są dzieci, jeśli chodzi o przewodnictwo rodziców. W *Spojrzeniach na naśladownictwo: od neurologii do nauk społecznych* dr Andrew Meltzoff i prof. Wolfgang Prinz z Cambridge University w Wielkiej Brytanii piszą: „Rodzice zapewniają swoim dzieciom praktykę co do tego, w jaki sposób mają funkcjonować jako członkowie ich konkretnej kultury, długo jeszcze zanim instrukcja słowna będzie możliwa. Szeroka gama zachowań – od wykorzystania narzędzi do zwyczajów społecznych, jest przekazywana z pokolenia na pokolenie poprzez naśladownictwo". [14]

Również dr Benjamin Spock w swoim bestsellerze na temat macierzyństwa *Opieka nad niemowlęciem i dzieckiem* zawiera tak kompletny opis tego procesu, iż czuję się zobowiązany do przedstawienia jego tutaj w całości: „Utożsamianie się jest o wiele ważniejsze niż tylko zabawa. W ten sposób budowany jest charakter dziecka. Bardziej istotnym jest to, co dzieci postrzegają w swoich rodzicach i na czym się wzorują, niż to, co rodzice sami starają się je nauczyć przy pomocy słów. W ten sposób kształtowane są podstawowe ideały i postawy dzieci - wobec pracy, wobec ludzi czy wobec samych siebie... W ten sposób uczą się być czymś w rodzaju rodziców, którymi staną się dwadzieścia lat później, jak można to wywnioskować, słuchając czułego czy karcącego sposobu odnoszenia się do swoich lalek.

Świadomość płci. To w tym wieku dziewczyna staje się bardziej świadoma tego, że jest kobietą i wyrośnie na dojrzałą kobietę. Tak więc obserwuje swoją matkę ze szczególną uwagą i próbuje ukształtować siebie na obraz matki: w tym, jak odnosi się do męża i płci męskiej w ogóle, w kwestii kobiet, odnośnie dzieci obu płci, wobec pracy i zajęć domowych. Dziewczynka nie stanie się wierną kopią swojej matki, ale na pewno będzie pod jej wpływem w wielu aspektach.

„Chłopiec w tym wieku uświadamia sobie, że jest na drodze do stania się mężczyzną, i dlatego próbuje wzorować się głównie na ojcu: w tym, jaki jest stosunek ojca do swojej żony i płci żeńskiej w ogóle, wobec innych mężczyzn, wobec dzieci obu płci, wobec pracy zawodowej i obowiązków domowych". [15]

I tak jak dziecko chce dorosnąć, aby stać się takie jak jego rodzice, Etap Dwa w ewolucji pragnienia jest wyrazem woli pragnienia otrzymywania (Etap Jeden), aby być takim jak jego rodzic – pragnienie obdarzania (Korzeń). Dzieje się tak dlatego, iż jest to pragnienie otrzymywania - „potomstwo" pragnienia obdarzania – Etap Jeden uznaje wyższość Korzenia i chce być taki jak swój protoplasta. A ponieważ jedynym przykładem, jaki Etap Jeden otrzymuje od Korzenia, jest akt obdarzania, na Etapie Dwa pragnienie otrzymywania zaczyna także chcieć obdarzać.

Wcześniej mówiliśmy, iż u podstaw egzystencji znajdują się formy pragnienia otrzymywania, stworzone przez interakcje z ich Stwórcą – pragnieniem obdarzania. Tak więc za pośrednictwem dwóch naturalnych, „automatycznych" reakcji na obdarzanie pojawiają się dwa przeciwstawne sobie pragnienia: otrzymywania (na Etapie Jeden) oraz obdarzania (na Etapie Dwa). Różnorodne kombinacje tych dwóch pragnień stanowią podstawę każdego obiektu, każdego zdarzenia i każdej zmiany zachodzącej w naszym świecie i w nas samych – w naszych ciałach, naszych myślach i naszych działaniach.

Podobnie jak dziecko chce być takie jak jego wzór - rodzic, u podstaw pragnienia obdarzania na Etapie Dwa leży pragnienie otrzymania nadrzędnego statusu swojego protoplasty, jego władzy oraz wiedzy. Innymi słowy, Etap Dwa jest pragnieniem *osiągnięcia* statusu i natury *obdarzania*. Z tego powodu najlepiej jest sobie wyobrazić Etap Dwa jako naczynie (pragnienie otrzymywania), które chce dawać, lub też „naczynie obdarzania". Stąd też strzałka, oznaczająca to pragnienie, wskazuje na zewnątrz, ku Stwórcy (Rysunek nr 2).

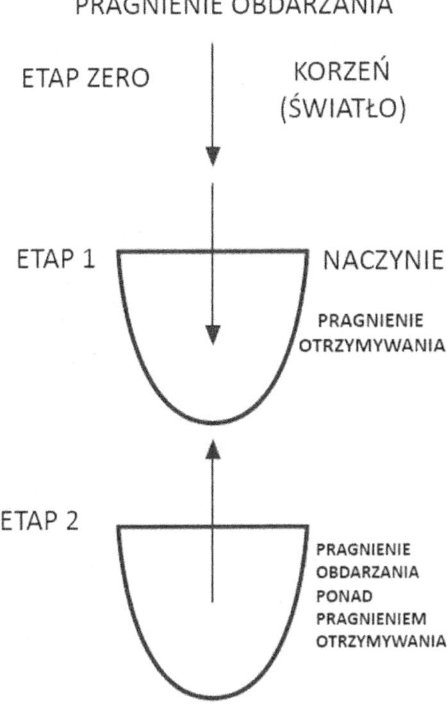

Rysunek nr. 2: U podstaw pragnienia obdarzania na Etapie Dwa leży pragnienie otrzymywania. W związku z tym najlepiej jest wyobrazić sobie Etap Dwa jako naczynie (pragnienie otrzymywania), które chce dawać lub „naczynie obdarzania".

Etap drugi jednakże jest czymś więcej niż tylko nowym pragnieniem. Chcąc dawać, Etap Dwa jest wprowadzony do zupełnie nowego stanu istnienia. Jako że nie chce już otrzymywać, lecz obdarzać, musi mieć kogoś, kogo może obdarzyć. Dlatego, aby być jak jego Stwórca – dający – Etap Dwa musi działać w sposób pozytywny i przychylny wobec innych.

Z tego powodu Etap Dwa, siła, która zmusza nas do obdarzania pomimo naszego podstawowego pragnienia otrzymywania, jest siłą, która sprawia, iż życie w ogóle jest możliwe. Bez niej rodzice nie mieliby dzieci (których mogliby obdarzać) czy też nie dbaliby o swoje potomstwo, kiedy się urodzi, czyli bez takiej siły życie nie byłoby wcale możliwe.

Rzeczywiście, najlepszym przykładem Etapu Dwa jest miłość matki do dziecka. Jeśli weźmiemy pod uwagę bezgraniczną miłość, współczucie i wysiłek, jaki matki wkładają w wychowywanie swoich dzieci, musimy być pełni podziwu i zachwytu, iż takie poświęcenie jest w ogóle możliwe. Jednak jeśli spojrzymy na twarz matki, kiedy ona pielęgnuje dziecko, zmienia pieluchy lub kąpie dziecko, często można zauważyć, iż jest ona rozpromieniona. Dlaczego tak jest? Co daje matkom zdolność nie tylko znosić takie obciążenie, ale wręcz *pragnąć* go i cieszyć się nim?

Odpowiedź jest prosta, a każda matka zna ją instynktownie: w dawaniu swoim dzieciom odczuwają ogromną radość. Istnieje pragnienie otrzymania przyjemności macierzyństwa (lub rodzicielstwa), które kryje się za każdą decyzją, aby sprowadzić nowe życie na świat. Bez niego ludzie nie posiadaliby dzieci, chyba że przez pomyłkę, a to byłoby bardzo niefortunne dla samych dzieci.

Teraz możemy już zobaczyć, dlaczego pierwotną siłą natury jest pragnienie obdarzania, a nie pragnienie otrzymywania. Zwięzłym uchwyceniem istoty tego pojęcia jest kabalistyczna definicja Baal HaSulama dotycząca altruizmu. W 1940 roku opublikował on pracę pod tytułem „Naród". Pisze w niej: „Altruistyczna siła [pragnienie obdarzania] jest niczym odśrodkowa fala – siła ukierunkowana na zewnątrz, która płynie ze środka na zewnątrz". [16]

Etap Trzy

Jak stwierdził Aszlag, ewolucja pragnień, które schodzą w dół według prawa przyczyny i skutku, jest nieunikniona i odbywa się zgodnie ze stałymi, ustalonymi regułami. Kolejnym niezmiennym krokiem dla Etapu Dwa jest rozpoczęcie obdarzania, ponieważ właśnie to chce robić. Niemniej na Etapie Dwa nowopowstałe pragnienie obdarzania ma pewien problem do rozwiązania: chce dawać, ale wszystko, co istnieje poza nim (pragnienie otrzymywania z jego dwoma etapami), to pragnienie obdarzania, które je stworzyło. Dlatego jedyną rzeczą, którą Etap Dwa może dać swojemu Stwórcy, jest jego *pragnienie otrzymywania*. Innymi słowy, otrzyma tak jak na Etapie Jeden, ale z *intencją, aby sprawić* przyjemność Korzeniowi - Stwórcy. Ten „odwrócony" modus operandi, kiedy akt jest otrzymywaniem, ale jego intencją jest obdarzanie, to zupełnie nowa idea i stąd zasługuje na nową nazwę - „Etap Trzy" (Rysunek nr 3).

Może się to wydawać niektórym nieco nieskładne, ale korzystamy z tego trybu działania rutynowo w naszych codziennych relacjach. Pomyślmy o młodym człowieku, który przychodzi, aby odwiedzić swoją matkę po tym, jak nie widział się z nią przez dłuższy czas. Jest całkiem prawdopodobne, że jego matka będzie chciała przygotować coś specjalnego do jedzenia dla swojego ukochanego syna. Ale co, jeśli syn nie będzie bardzo głodny? Czy nie będzie jadł? W większości przypadków będzie jadł i chwalił jedzenie tylko dlatego, że sprawia to przyjemność matce.

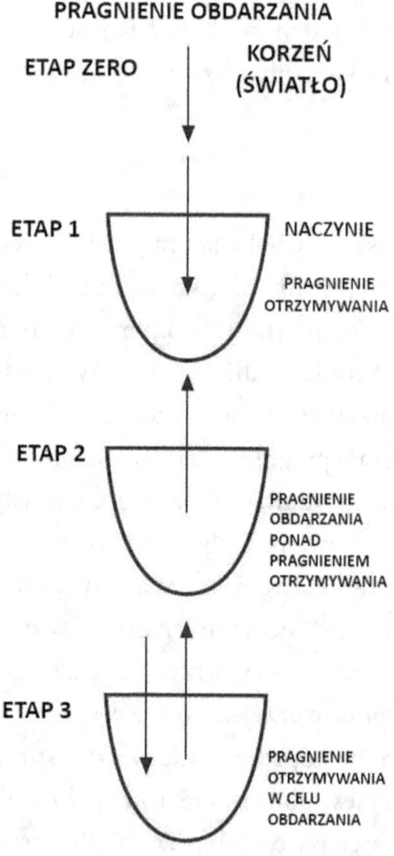

Rysunek nr 3: Na Etapie Trzy pragnienie otrzymywania decyduje się brać, ale nie dlatego, że sprawia mu to radość, lecz dlatego, iż tego właśnie chce Korzeń - pragnienie obdarzania.

W tym przypadku syn nie skupia się na własnej przyjemności, ale na przyjemności matki, która przypatruje się jemu w trakcie jedzenia. W „Przedmowie do nauki Kabały" [17] Baal HaSulam opisuje ten rodzaj działania jako częściowe wykorzystanie pragnienia otrzymywania, tylko jego niezbędnego minimum do otrzymania przyjemności, przy jednoczesnym zachowaniu w centrum uwagi dającego przyjemność przy akceptacji jej odbiorcy. W naszym kulinarnym przykładzie syn musi też mieć *trochę* apetytu, gdyż inaczej nie będzie w stanie w ogóle jeść. Jednakże jego apetyt nie powinien być na tyle duży, aby przeniósł on swoją intencję (czy też uwagę) ze sprawiania przyjemności matce na zadowolenie samego siebie.

Etap Cztery

Kiedy apetyt syna jest na tyle minimalny, aby być podporządkowanym jego pragnieniu sprawienia przyjemności matce, może on skupić się na zamiarze zadowolenia matki zamiast na własnym brzuchu. Ale co, jeśli byłby on bardzo głodny i nie jadł nic przez cały dzień? Czy nadal byłby w stanie zignorować swój pusty żołądek i skupić się jedynie na sprawieniu przyjemności matce, aby jeść tylko dlatego, iż jej się to podoba? Kiedy Etap Trzy zaczyna otrzymywać, ponieważ pragnie zadowolić Korzeń, wtedy zdaje sobie sprawę, że im więcej otrzyma, tym większą radość sprawi swojemu Stwórcy, Korzeniowi.

W konsekwencji zaczyna chcieć otrzymywać coraz więcej i więcej. Wreszcie pragnie otrzymać *wszystko*, tak jak na Etapie Jeden, w ten sposób przebudzając w sobie całe pragnienie otrzymywania. To *samo wywołane* całkowite pragnienie otrzymywania nazywa się „Etap Cztery".

Istnieje jednak zasadnicza różnica między pierwszym a czwartym etapem: relacja wobec dającego. Etap Jeden nie odnosi się do dającego, tylko do obfitości. Jak tylko „zdaje sobie sprawę", iż istnieje pragnienie obdarzania, które go stworzyło, chce być taki jak dający, a to inicjuje Etap Dwa. Etap Cztery jest świadomy nie tylko istnienia dającego, ale też jego wyższości i szczodrości, ponieważ to pragnienie obdarzania jest tym, które zainicjowało całe stworzenie. Będąc kompletnym pragnieniem otrzymywania, Etap Cztery chce otrzymać nie tylko obfitość, którą cieszy się Etap Jeden, ale także *status wyższości* Korzenia (Rysunek nr 4).

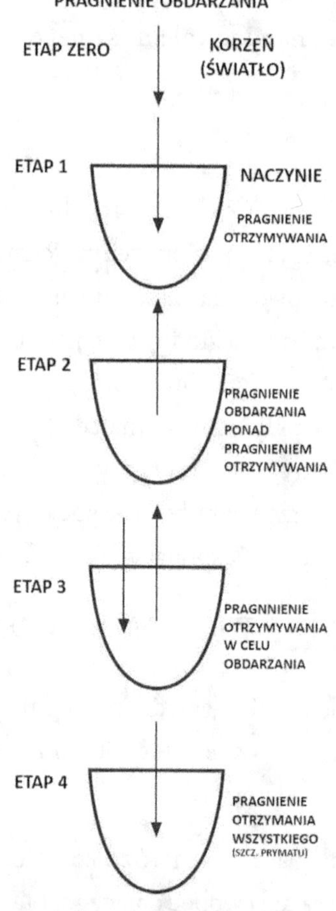

Rysunek nr 4: Będąc całkowitym pragnieniem otrzymywania, Etap Cztery pragnie otrzymać nie tylko obfitość, jaką cieszy się Etap Pierwszy, ale też *status prymatu* samego Korzenia.

Jednak aby otrzymać taki status, Etap Cztery musi być podobny do Stwórcy, a tak nie jest. Zamiast tego, jest to świadome pragnienie, aby otrzymać wszystko: wszechwładzę, wszechwiedzę, a nawet *naturę* samego Stwórcy. Wszystko poniżej tego poziomu byłoby niepełne, ponieważ nie byłoby dokładnie identyczne do Stwórcy. Aszlag ma właśnie to na myśli, kiedy pisze w „Przedmowie do nauki Kabały" [18], że Etap Cztery pragnie osiągnąć Zamysł Stworzenia (Rys. nr 5).

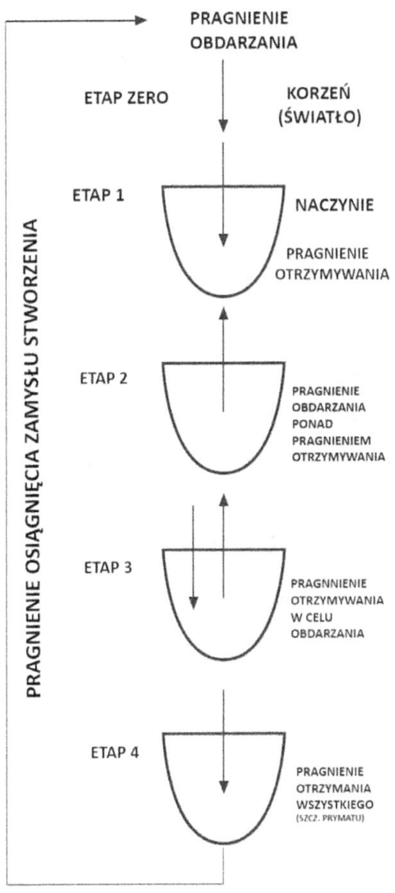

Rysunek nr. 5: Etap czwarty pragnie osiągnąć Zamysł Stworzenia.

W innym eseju, „Darowanie Tory [Światła]", Aszlag oferuje piękne wyjaśnienie charakteru relacji Stwórca-stworzenie, która ma miejsce na początku stworzenia: „Ta kwestia jest jak opowieść o bogaczu, który zabrał mężczyznę z targu i obsypywał go złotem, srebrem i wszystkimi pożądanymi rzeczami każdego dnia. A każdego kolejnego dnia dawał mu więcej prezentów niż w dniu poprzednim. Wreszcie bogaty człowiek zapytał: „Powiedz mi, czy wszystkie twoje życzenia zostały spełnione?" Obdarowywany zaś odpowiedział: „Nie wszystkie moje życzenia zostały spełnione, ponieważ jak dobrze i jak miło byłoby, gdyby cały ten dobytek i cenne rzeczy przyszły do mnie dzięki mojej własnej pracy, tak jak jest to w twoim przypadku. Wtedy nie otrzymywałbym jałmużny z twojej ręki". Wtedy bogacz odpowiedział mu: „W takim razie nie urodził się taki człowiek, który mógłby spełnić twoje życzenie". [19]

Ta niechęć do prezentów została dobrze zaobserwowana w badaniach prowadzonych przez Amani El-Alayli i Lawrence'a A. Messe z Michigan State University. Ich odkrycia opublikowane w *Journal of Experimental Social Psychology* pokazały, że kiedy ludzie otrzymują nieoczekiwane przysługi (prezenty), mogą doświadczać dwóch przeciwstawnych uczuć: pragnienia odwzajemnienia przysługi, które naukowcy prawidłowo opisali jako „zobowiązanie", lub niechęci, którą określili jako „psychologiczny opór". [20]

Ponadto zauważyli oni: „Oceny uczestników, dotyczące czynnika kontrolującego [dobroczyńcy], sugerują, że ludzie mają mieszane uczucia wobec osoby, której przysługi naruszają [przekraczają] oczekiwania lub normy". [21] Badania te wyraźnie pokazują, iż jest naturalną cechą ludzi odczuwać wstyd i zażenowanie, kiedy traktowani są z wyjątkową hojnością. Emocje te, wyjaśnia Kabała, są bezpośrednio zakorzenione we wstydzie, jaki Etap Cztery doświadcza w obliczu nieograniczonego obdarzania bez równoczesnej szansy stania się obdarzającym.

Tak więc kiedy Etap Cztery zdaje sobie sprawę, że nie może osiągnąć supremacji Korzenia, ma świadomość, że nie może otrzymać *wszystkiego* i że z natury jest czymś gorszym od swojego Stwórcy. Ten fakt natychmiast gasi każde uczucie przyjemności na Etapie Cztery i pomimo nieskończonej obfitości, jaką daje Korzeń, Etap Cztery pozostaje z poczuciem pustki, ponieważ jego największe marzenie nie zostało spełnione. W Kabale stan, kiedy pragnienie czwartego etapu, aby być takim jak Stwórca, przysłania wszystkie inne przyjemności, nazywa się „ograniczeniem". Ponieważ pragnienie, aby być takim jak Stwórca, jest znacznie większe niż wszystkie inne pragnienia, praktycznie uniemożliwia odczuwanie jakiejkolwiek przyjemności.

Od tego momentu ewolucja będzie następować w kierunku jedynego podstawowego celu: aby odzyskać to wielkie bogactwo, jakie Korzeń pragnie dać, a które może zostać otrzymane jedynie z zamiarem obdarzania.

[1]   Neil Postman, *The End of Education: Redefining the Value of School* (USA: Vintage, First Edition, 1996), 170

[2]   Rav Moshe Ben Maimon (Maimonides), *Mishneh Torah (Yad HaChazakah (The Mighty Hand)*, Part 1, "The Book of Science," Chapter 1, Item 3

[3]   Yehuda Ashlag, "The Matter of Spiritual Attainment," in *Shamati (I Heard)*, trans. Chaim Ratz (Canada: Laitman Kabbalah Publishers, 2009), 22

[4]   Baruch Shalom Ashlag (Rabash), *The Writings of Rabash*, Vol. 2, Article no. 9, 1988-89 (Israel: Ashlag Research Institute, 2008), 823

[5]   Isaac Luria (ARI), *Tree of Life*, Gate 1, Branch 2

[6]   Yehuda Ashlag, *Talmud Eser Sefirot* (*The Study of the Ten Sefirot*), Part 1 (Israel: Ashlag Research Institute, 2007), 19

[7]   Yehuda Ashlag, *Talmud Eser Sefirot* (*The Study of the Ten Sefirot*), Part 1 (Israel: Ashlag Research Institute, 2007), 31

[8]   Yehuda Ashlag, "*Talmud Eser Sefirot* (*The Study of the Ten Sefirot*), Part One, *Histaklut Pnimit* (Inner Reflection)," in *Kabbalah for the Student*, ed. Gilad Shadmon, trans. Chaim Ratz (Canada: Laitman Kabbalah Publishers, 2009), 729

[9]   Yehuda Ashlag, "Introduction to Study of the Ten Sefirot," in *Kabbalah for the Student*, ed. Gilad Shadmon, trans. Chaim Ratz (Canada: Laitman Kabbalah Publishers, 2009), 374

[10] "Lightning," *Encyclopedia Britannica* (http://www.britannica.com/EBchecked/topic/340767/lightning)

[11] Ashlag, "Preface to the Wisdom of Kabbalah," in *Kabbalah for the Student*, 567-572

[12] Richard Dawkins, *The Selfish Gene* (New York: Oxford University Press Inc., 1989), 14

[13] Ashlag, "Preface to the Wisdom of Kabbalah," in *Kabbalah for the Student*, 567-9

[14] From: S. Hurley and N. Chater (Eds.), *Perspectives on Imitation: From Neuroscience to Social Science* (Vol. 2) (Cambridge, MA: MIT Press, 2005), 55-77

[15] Benjamin Spock, *Baby and Child Care*, (USA: Pocket Books, 2004), 164-5

[16] Ashlag, *Kitvey Baal HaSulam* (*The Writings of Baal HaSulam*) (Israel: Ashlag Research Institute, 2009), 499

[17] Ashlag, "Preface to the Wisdom of Kabbalah," in *Kabbalah for the Student*, 568

[18] Ashlag, "Preface to the Wisdom of Kabbalah," in *Kabbalah for the Student*, 568

[19] Yehuda Ashlag, "The Giving of the Torah," in *Kabbalah for the Student*, 244

[20] El-Alayli Amani and Lawrence A. Messe. "Reactions Toward an Unexpected or Counternormative Favor-Giver: does it matter if we think we can reciprocate?" *Journal of Experimental Social Psychology* 40.5 (September 2004): 633-641

[21] (ibid.)

Rozdział 3
Wspólny początek ludzkości

W poprzednim rozdziale mówiliśmy o pojawieniu się pragnienia otrzymywania na Etapie Jeden oraz pragnienia obdarzania na Etapie Dwa jako odgałęzienia pierwotnego pragnienia obdarzania w Korzeniu. Pokazaliśmy też, jak z powodu pragnienia obdarzania pragnienie otrzymywania zostało reaktywowane na Etapie Trzy, a zmaksymalizowane na Etapie Cztery. Maksymalizacja pragnienia otrzymywania spowodowała, że chce ono nie tylko czerpać radość, ale rzeczywiście stać się takim jak jego protoplasta – Etap Korzenia - a nawet osiągnąć status prymatu Korzenia. Późniejsze uświadomienie, iż nie było to (jeszcze) możliwe, wywoływało w nim poczucie wrodzonej niższości na Etapie Cztery, co wywołało ograniczenie – eliminację jakiegokolwiek odczuwania przyjemności (Światła).

Również dlatego, że prawdziwym pragnieniem Etapu Cztery jest osiągnięcie prymatu Korzenia, nie wystarcza mu otrzymywanie nieograniczonej przyjemności Etapu Jeden. Zamiast tego chce osiągnąć *naturę* Korzenia, Zamysł Stworzenia, a w konsekwencji sam prymat Korzenia.

Zatem eliminacja przyjemności na Etapie Cztery nie jest ani wynikiem niemożności otrzymywania, ani też konsekwencją niezdolności Korzenia do obdarzania. Korzeń daje nieustannie, ale pragnienie otrzymywania nie *chce* otrzymywać czegoś tak poniżającego, jak jałmużna (jak zostało to opisane przez Aszlaga w „Darowaniu Tory" [1]). Z tego powodu, jako że Etap Cztery pragnie osiągnąć myśl dającego i stać się jak jego Stwórca, jego ograniczenie jest pochodną decyzji, aby nie otrzymywać, chyba że z zamiarem obdarzania, ponieważ odwzajemnia to pragnienie Stwórcy, aby obdarzać.

Aby to osiągnąć, Etap Cztery buduje trzyczęściowy mechanizm zwany *Parcuf* (twarz), aby ustalić, czy powinien otrzymać Światło, a jeśli tak, to ile z celem obdarzania w danym momencie (rysunek 6). Górna część *Parcufa* nazywa się *Rosz* (głowa). Jej zadaniem jest określenie, ile obfitości (Światła) ma zostać przyjęte przez pragnienie otrzymywania. Samo pragnienie otrzymywania stanowi dolną część *Parcufa*, która jest nazywana *Guf* (korpus, ciało).

Pomiędzy *Rosz* (głowa) a *Guf* (korpus, ciało) stoi *Masach* (ekran). Podobnie jak selektywnie przepuszczalna membrana pozwala tylko niektórym cząsteczkom przedostać się przez nią, *Masach* filtruje Światło, pozwalając na wejście do *Guf* tylko takiej ilości Światła, jaką określił *Rosz*, a którą jest on (Guf) w stanie otrzymać z zamiarem obdarzania przy jednoczesnym odepchnięciu pozostałej części Światła. W ten sposób *Masach* funkcjonuje jako strażnik, upewniając się, iż uczucie poniżenia, odczuwanego bezpośrednio przed stanem ograniczenia, nie pojawi się ponownie.

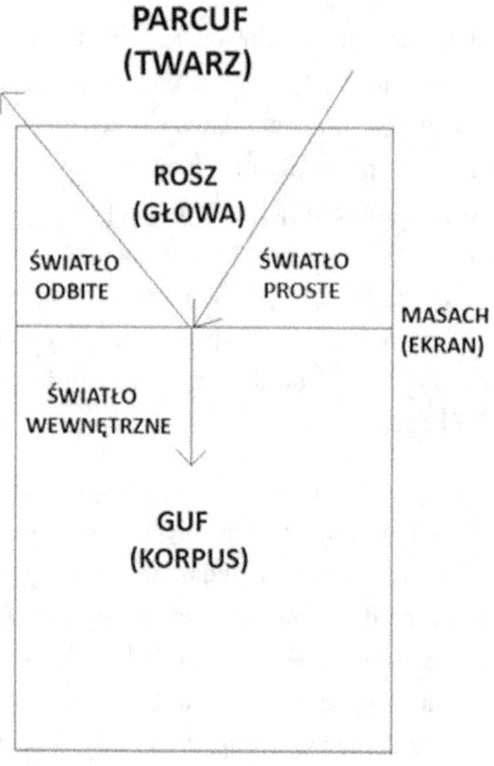

Rysunek 6: Mechanizm nazywany *Parcuf* (twarz): *Rosz* (głowa) określa, ile obfitości (Światła) można otrzymać. *Guf* (korpus, ciało) jest samym pragnieniem otrzymywania, a pomiędzy *Rosz* i *Guf* stoi *Masach* (ekran), który wpuszcza do *Guf* tylko tyle Światła, ile może zostać otrzymane w celu obdarzania.

W pewnym sensie *Parcuf* można porównać do dużej firmy, gdzie *Masach* jest jak dział zarządzania zasobami ludzkimi (HR) w tej spółce. Jeśli zarząd, *Rosz* (głowa), chce zwiększyć produkcję (obdarzanie, poziom bycia podobnym do Stwórcy), musi zatrudnić więcej osób (pragnień), aby mógł otrzymać więcej Światła/ przyjemności (w ten sposób obdarzając dającego). Kiedy nowi ludzie zostaną już zatrudnieni, będą wpuszczeni do firmy (*Guf*, ciało) i zostaną wdrożeni do pracy, otrzymując przyjemność z intencją obdarzania.

Kiedy *Rosz* postanawia, iż nadszedł czas działania, *Masach* – dział HR, dokonuje selekcji kandydatów (pragnień) i wybiera tylko tych właściwych. Nowy pracownik (pragnienie) nie może być niedostatecznie wykwalifikowany (zbyt mały), ponieważ taki nie sprawiłby przyjemności Stwórcy (ponieważ nie można odczuć wielkiej przyjemności, kiedy posiada się małe pragnienie tej przyjemności). Pracownik ten nie może posiadać zbyt wysokich kwalifikacji (pragnienia, które są zbyt intensywne, aby mogły być wykorzystane w celu obdarzania), ponieważ to ponownie przebudziłoby nadmierne pragnienie otrzymywania i doprowadziłoby do degradacji stworzenia.

Jednakże zarówno w *Parcufie*, jak i jego przyziemnym 'firmowym' wyobrażeniu, które możemy nazwać „stworzeniem", pozostaje nierozwiązany problem: A co z pragnieniami (ludźmi), którzy nie zostali przyjęci (do pracy w celu obdarzania w *Guf Parcufa*)? Czy są skazani na wieczne bezrobocie (odrzucenie)? Oznaczałoby to, iż zawsze będą istnieć Światła (przyjemności), jakie Stwórca pragnie dać, ale których nie jesteśmy w stanie otrzymać. To pozostaje w sprzeczności z celem stworzenia: aby otrzymujący (stworzenia, my) otrzymały nieograniczoną radość, siłę, wiedzę oraz supremację Stwórcy.

Rzeczywiście, ostatecznie wszystkie pragnienia zostaną „zatrudnione" i wdrożone do pracy, a wszystkie Światła zostaną otrzymane. Jednak, aby uniknąć przeciążenia systemu i ryzyka całkowitego załamania, niektóre pragnienia muszą zostać czasowo zawieszone. Światła, które powinny być otrzymane w tych pragnieniach, zostały dlatego odbite i pozostają w formie „Światła Otaczającego" (rys. 7).

Pragnienia i Światła, które nie mogą być wdrożone do pracy w danym momencie, wywierają stały nacisk na *Parcuf*, „przypominając" jemu, iż jest wciąż jeszcze więcej przyjemności do otrzymania, jeśli ma on otrzymać od Stwórcy wszystko, co Stwórca chce dać. W naszym przyziemnym przykładzie dział marketingu jest „Otaczającym Światłem" – nieustannie informującym o nowych potencjalnych rynkach, na których firma ta może się rozwijać, a co może się przełożyć na znaczne zyski.

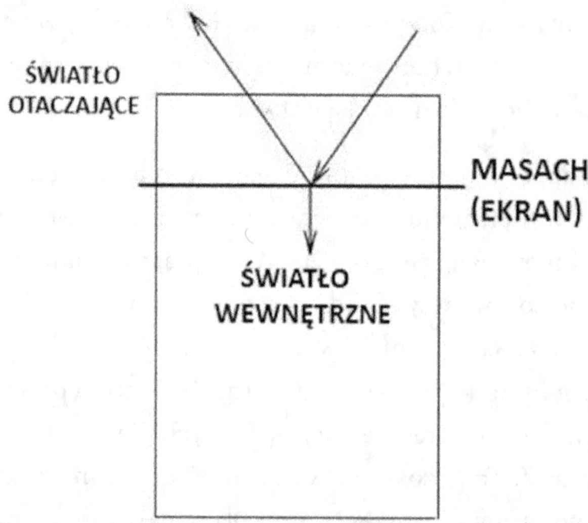

Rysunek 7: Podczas gdy *Parcuf* jest niezdolny do otrzymania całego Światła, Odbite Światło musi pozostać poza *Parcufem*. Nazywa się ono „Światłem Otaczającym".

W jaki sposób pragnienia stają się światami

Kontynuując naszą alegorię *Parcuf*/firma, spółka znana także jako „stworzenie" zaczyna sortować „bezrobotne" pragnienia na liście oczekujących, umieszczając najsłabsze, najłatwiejsze do zarządzania pragnienia u góry listy, a najbardziej intensywne, niesforne na jej dole. Stworzenie dzieli te pragnienia na cztery kategorie, podobne do czterech etapów ewolucji pragnień. Odnosi się ono do każdej kategorii jako *Olam* (świat), od hebrajskiego słowa *haalama* (ukrycie), ponieważ pragnienia te muszą być utrzymywane oddzielone i ukryte przed Światłami do momentu, aż można je będzie wykorzystać w sposób właściwy - z intencją obdarzania. Zatem pragnienia o cechach najbardziej zbliżonych do Etapu Jeden nazywane są „światem *Acilut*", te najbardziej zbliżone do Etapu Dwa tworzą „świat *Brija*", pragnienia najbardziej podobne do Etapu Trzy składają się na „świat *Jecira*", a te najbardziej zbliżone do Etapu Cztery stają się „światem *Asija* " (rys. 8). W skrócie światy te nazywane są „*ABJA*".

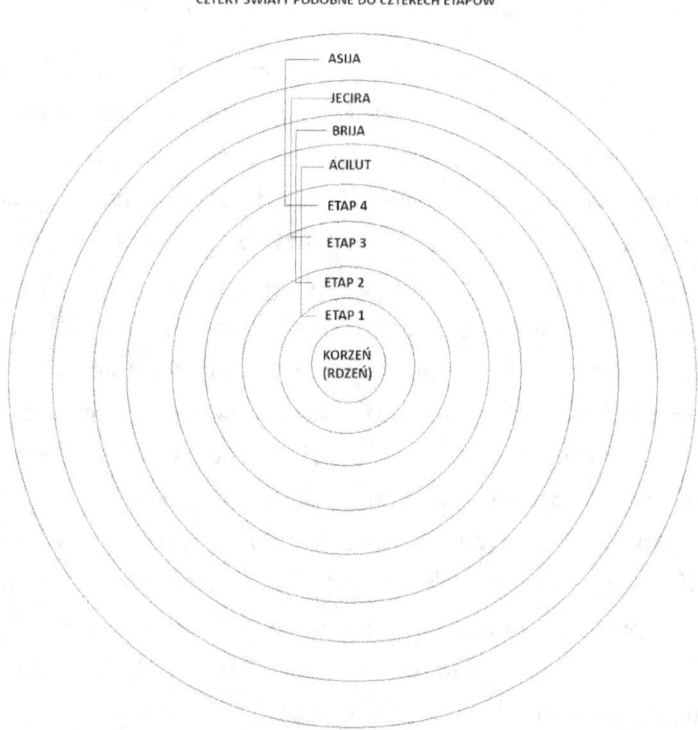

Rysunek 8: Stworzenie dzieli pozostałe pragnienia na cztery kategorie, podobne do czterech etapów ewolucji pragnień. Odnosi się ono do każdej kategorii jako *Olam* (świat), określenie pochodzące od hebrajskiego słowa *haalama* (ukrycie).

Kiedy kabaliści opisują sferę duchową - gdzie pragnienia funkcjonują z intencją obdarzania – zazwyczaj dzielą ją na światy i opisują to, co się w nich dzieje (sposób, w jaki pragnienia faktycznie otrzymują). Dlatego też często odnoszą się oni do wszystkiego, co poprzedza światy *ABJA,* jako też pewien świat i nazywają go „świat *AK* ” (*Adam Kadmon* - pierwotny człowiek). W pewnym sensie świat *AK* odpowiada Etapowi Korzenia czy też Etapowi Zero w ewolucji pragnień.

Należy pamiętać, iż nasz świat nie jest wymieniany wśród światów duchowych. Jako że nasz świat oparty jest na egoizmie, a światy w Kabale odzwierciedlają poziomy obdarzania, nasz świat nie jest uważany za część systemu duchowego (z zamiarem obdarzania).

System duchowy nieustannie ewoluuje poprzez interakcję pomiędzy swoimi siłami, stopniowo sprawiając, iż coraz więcej pragnień jest w stanie otrzymywać z zamiarem obdarzania, budując każdy etap na bazie wniosków i działań realizowanych w jego wcześniejszych etapach. Podobnie jak dziecko dorasta, jego zdolności fizyczne i poznawcze rozwijają się w oparciu o wcześniej nabyte zdolności i spostrzeżenia. Bez przechodzenia przez te wczesne stadia rozwoju dzieci nie byłyby w stanie stać się dorosłymi. Oczywiście, nie musimy zachowywać tych wczesnych obserwacji życia w naszej świadomości, kiedy oddajemy się naszej codziennej rutynie, ponieważ stały się one automatyczne; jednak nieustannie z nich korzystamy w naszym dorosłym życiu.

W przypadku dzieci pomagamy im zdobyć nowe zdolności oraz informacje i czuwamy nad nimi, aby upewnić się, iż nie starają się robić rzeczy przedwcześnie. Podobnie, aby zakończyć proces „dojrzewania" stworzenia do bycia takim jak Stwórca, musi się ono nauczyć, z którymi swoimi pragnieniami może aktualnie pracować (otrzymywać z intencją obdarzania), a także jakich pragnień wciąż nie może wykorzystywać, ponieważ ponownie przebudziło by to poczucie niższości oraz wstydu.

Stąd w każdym świecie stworzenie starannie analizuje Światło (przyjemność), jakie pragnienie obdarzania chce mu ofiarować. W świecie *Acilut* stworzenie odbiera całe Światło, ponieważ *Acilut* odpowiada pragnieniu na Etapie Jeden – otrzymując całe

Światło „automatycznie" bez angażowania własnego pragnienia otrzymywania. Z tego powodu kombinacja pragnienie-przyjemność w świecie *Acilut* nazywana jest „nieożywioną" lub „nieruchomą", ponieważ pragnienie tutaj jest pasywne.

W świecie *Brija* stworzenie otrzymuje mniej Światła, ponieważ *Brija* odpowiada Etapowi Dwa, który jest bardziej rozwiniętym stanem pragnienia otrzymywania – pragnieniem obdarzania, tak jak czyni to Stwórca. Ponieważ *Brija* odpowiada pierwszemu pragnieniu, które zareagowało na Światło, nadano mu nazwę pierwszego poziomu życia: „roślinne".

W świecie *Jecira* stworzenie otrzymuje jeszcze mniej Światła niż w *Brija*, ponieważ *Jecira* odpowiada Etapowi Trzy w pragnieniu otrzymywania, który otrzymał na początku tylko trochę Światła (zobacz: rozdział 2, część „Cztery etapy i korzeń stworzenia"). Mimo to jest to bardziej rozwinięty etap w ewolucji pragnienia otrzymywania, wykazujący pewien stopień autonomii. Z tego właśnie powodu otrzymał on nazwę poziomu ewolucji, którego elementy charakteryzuje przynajmniej odrobina indywidualności - „zwierzęcy".

W *Asija* stworzenie otrzymuje tak mało Światła, iż nie jest ono wcale wykrywane jako przyjemność, ale jako zwyczajne podtrzymanie życia. *Asija* odpowiada Etapowi Cztery w ewolucji pragnienia i tak samo, jak Etap Czwarty doświadczył ograniczenia, świat *Asija* jest wykluczony z doświadczania Światła. Ale ponieważ odpowiada ostatniemu, najbardziej rozwiniętemu i najbardziej złożonemu poziomowi pragnienia, otrzymał nazwę swojego cielesnego odpowiednika: „ludzki" lub „mówiący".

Nazwy równoległe

W „Istocie nauki Kabały" Baal HaSulam wyjaśnia, że światy *ABJA* są bardzo podobne do siebie: „Kabaliści odkryli, iż forma czterech światów zwanych *Acilut, Brija, Jecira* i *Asija*, poczynając od pierwszego, najwyższego świata zwanego *Acilut*, a kończąc na tym cielesnym, fizycznym świecie zwanym *Asija*, jest dokładnie taka sama. Oznacza to, że wszystko, co rodzi się i występuje w pierwszym świecie, można także odnaleźć na poziomie kolejnego, niższego świata. Identycznie rzecz się ma we wszystkich światach, które pod nimi, aż do tego namacalnego świata".

„Nie ma żadnej różnicy pomiędzy nimi, gdyż różnią się tylko poziomem postrzeganym w materii elementów rzeczywistości w każdym świecie. Materia elementów rzeczywistości w pierwszym, najwyższym świecie jest czystsza [bardziej obdarzająca] niż we wszystkich innych poniżej niego, a materia elementów rzeczywistości w drugim świecie jest bardziej 'szorstka' [bardziej otrzymująca] niż w pierwszym świecie, ale czystsza niż wszystko, co znajduje się na niższych stopniach".

„Proces ten trwa w podobny sposób aż do tego świata, którego materia elementów rzeczywistości jest bardziej 'szorstka' i ciemniejsza niż we wszystkich światach go poprzedzających [najwięcej otrzymywania, do poziomu egoizmu]. Jednakże kształty i elementy rzeczywistości oraz wszystkie ich wystąpienia są niezmienione i równe w każdym świecie zarówno pod względem ilości, jak i jakości". [2]

Dlatego też chociaż Kabała mówi o pragnieniach, a nie ciałach fizycznych, ponieważ wszystkie światy są praktycznie identyczne, kabaliści często używają nazw obiektów lub procesów ze świata fizycznego, aby wyjaśnić stany lub procesy duchowe, które występują na poziomie pragnień. Przykłady fizyczne są znacznie jaśniejsze i bardziej namacalne. Określenie *Parcuf* (twarz), które omówiono powyżej, jest jednym z takich przypadków. Bardziej 'pikantym' przykładem może być określenie *Zivug de Hakaa* (połączenie poprzez uderzenie), które służy do opisania całego procesu odpychania Światła (uderzania) oraz otrzymywania (połączenia) tylko takiej ilości Światła, która może być odebrana z intencją obdarzania.

W związku z powyższym we „Wstępie do Księgi Zohar" Aszlag wyjaśnia, iż nazwa „nieożywiony" została nadana światu *Acilut,* ponieważ składa się on z pragnienia otrzymywania na Etapie Jeden, które jest całkowicie bierne. [3]

Fizyczny odpowiednik świata *Acilut* to minerały. Wszystkie minerały dążą do tego (pragną), aby zachować swoją obecną strukturę. Nie mają absolutnie żadnego pragnienia, aby stać się czymś innym niż są. Jeżeli chce się dokonać w nich jakichś zmian, trzeba zastosować odpowiedni poziom energii i manipulacji, ponieważ opierają się one wszelkiej zmianie.

Według słów Aszlaga „Etap pierwszy pragnienia otrzymywania zwany 'nieożywiony' jest początkową manifestacją pragnienia otrzymywania w tym fizycznym świecie. Jednakże żaden ruch nie jest widoczny w jego poszczególnych elementach... A ponieważ istnieje w nim tylko niewielkie pragnienie otrzymywania... jego wpływ na poszczególne elementy [minerały] jest nierozpoznawalny". [4]

Brija otrzymał nazwę „roślinny", ponieważ jest to początek niezależnego pragnienia. Jak można było oczekiwać, materialnym przejawem tego pragnienia są rośliny. Rośliny rosną, kwitną i więdną, a każda roślina jest odrębną jednostką w przeciwieństwie do zbiorowości cząsteczek, które tworzą minerały. Jednak rośliny nie mają wolnej woli w kwestii swoich działań. Kiedy rośliny pewnego gatunku rosną w bliskim sąsiedztwie, będą zachowywać się w dokładnie taki sam sposób. Na przykład kwiat słonecznika zawsze zwraca się ku słońcu (zdj. 1), a wszystkie łodygi pszenicy stają się żółte, kiedy nadchodzi czas żniw.

Zdj. 1: Kwiat słonecznika zawsze zwraca się ku słońcu.

Jecira został nazwany „zwierzęcym" i odpowiada Etapowi Trzy pragnienia otrzymywania. W *Jecira* stworzenie cieszy się już znaczną miarą „wolności oraz indywidualności... indywidualnym życiem każdego elementu", pisze Aszlag w wyżej wspomnianym wstępie. Jednakże w *Jecira*, wyjaśnia on dalej, „pragnieniu wciąż brakuje odczucia innych, co oznacza, iż nie jest przygotowane do dzielenia się bólem i radościami innych". [5]

Asija został nazwany „mówiącym" czy też „ludzkim", gdyż odzwierciedla kompletną i najbardziej zaawansowaną formę pragnienia otrzymywania. Na poziomie ludzkim, a Aszlag wyjaśnia, iż jest to zasadnicza różnica pomiędzy poziomem mówiącym a zwierzęcym, pragnienie otrzymywania obejmuje odczucie innych [6]: „Pragnienie otrzymywania na poziomie zwierzęcym, któremu brakuje odczucia innych, może generować tylko potrzeby i pragnienia w takim stopniu, w jakim są one zakodowane w danym stworzeniu. Ale człowiek, który może także odczuwać innych, potrzebuje też wszystkiego, co mają inni, a więc jest wypełniony zazdrością i pragnieniem zdobycia wszystkiego, co posiadają inni ludzie". Z tego powodu „kiedy ktoś ma sto, chce mieć dwieście, a więc jego potrzeby nieustannie ulegają pomnożeniu aż do momentu, kiedy chce pochłonąć wszystko, co istnieje na całym świecie". [7]

Aby w pełni zrozumieć różnicę pomiędzy poziomem ludzkich pragnień a wszystkimi innymi poziomami, przeanalizujmy następujący eksperyment: zaproponuj psu nowy smartfon z ekranem dotykowym zamiast jego ulubionej karmy i zobacz, co w końcu wybierze. Następnie zamień karmę dla psów na żywność dla ludzi i umieść ją przy nowym smartfonie. Wtedy wykonaj identyczny eksperyment z człowiekiem.

Narodziny i upadek Adama

Do tej pory omówiliśmy jedynie pochodzenie stworzenia. Wyjaśniliśmy, w jaki sposób stworzenie otrzymuje przyjemność z zamiarem obdarzania i kreuje samo siebie, aby być jak najbardziej podobne do swojego Stwórcy. Jednakże nawet po ustaleniu się wszystkich światów w *Parcufie* (firmie) i po tym, jak wszystkie Światła, które mogły zostać otrzymane z zamiarem obdarzania, są już odbierane przez *Parcuf*, nadal pozostaje jedno pragnienie, które nie może być zaangażowane do pracy w *Parcufie* - pragnienie, aby być takim jak Stwórca. Jest to pragnienie, do którego odniósł się gospodarz w alegorii Aszlaga, kiedy powiedział (Rozdział 2): „W takim razie nigdy nie urodził się jeszcze człowiek, który mógłby spełnić twoje pragnienia". [8] Jest to najbardziej intensywne pragnienie, fundamentalne pragnienie Etapu Cztery, a jednocześnie jest całkowicie nieosiągalne.

Więc kiedy już wszystkie pragnienia zostały wykorzystane do maksimum, dział marketingu stworzenia/firmy (Otaczające Światło) przypomniał zarządowi spółki - *Rosz* (głowie) stworzenia, iż wciąż jest jeszcze więcej Światła do otrzymania. Teraz jest to już obowiązkiem *Rosz*, aby przeanalizować to nowe pragnienie i określić, czy jest w stanie zrealizować to pragnienie z intencją obdarzania.

Z tego powodu *Rosz* zwołał specjalne posiedzenie zarządu, aby omówić losy tego ostatniego pragnienia. Na tym spotkaniu argumentem, aby nie wykorzystywać tego pragnienia, było to, iż jest zbyt silne, aby móc sobie z nim poradzić. Rzeczywiście, jak można poradzić sobie z pragnieniem bycia jak własny rodzic? Jeśli *Parcuf* faktycznie otrzymałby to, czego chciał w tym pragnieniu, wtedy byłoby to podobne do sytuacji, kiedy dziecko natychmiast staje się dorosłe bez wiedzy i doświadczeń nabytych w okresie dorastania. Oczywiście, było to zbyt skomplikowane i zbyt niebezpieczne pragnienie, aby móc je zrealizować.

„Z drugiej strony", twierdzili inni dyrektorzy, „jeśli weźmiemy pod uwagę charakter tego pragnienia, zdamy sobie sprawę, iż nie może być w tym żadnego niebezpieczeństwa. W rzeczywistości", mówili dalej, „jest to całkowicie bezpieczne".

„Jak to?", zastanawiali się przeciwnicy. „Jest to całkowicie bezpieczne ze względu na naturę samego pragnienia - aby być jak Stwórca, obdarzający. Jak niebezpieczne może być pragnienie obdarzania?"

Zwolennicy przekonali przeciwników i została podjęta decyzja, aby stworzenie zatrudniło największe pragnienie - chęć bycia takim jak Stwórca. Aby to zrobić, stworzenie zbudowało odrębny *Parcuf* zwany *Adam ha Riszon* (Pierwszy Człowiek) i wyznaczyło mu zadanie prowadzenia i zarządzania ostatnim i największym pragnieniem ze wszystkich pragnień.

Jednak decyzja, aby spróbować otrzymać ostatnią i największą ze wszystkich przyjemności, okazała się fatalnym błędem. Stworzenie nie wiedziało, że największe Światło, które łączy się z największym pragnieniem, posiada specjalny dar. Kiedy stajesz się podobnym do Stwórcy, stajesz się jak Stwórca w pełnym tego słowa znaczeniu nie tylko w swoim *pragnieniu*, aby obdarzać, ale także w swojej *zdolności* do dawania - do *tworzenia* – dzięki czemu stajesz się wszechmocny i wszechwiedzący. Była to przyjemność, której stworzenie nie było w stanie otrzymać z intencją obdarzania.

Jak tylko Adam, specjalnie zaprojektowany *Parcuf*, zaczął otrzymywać Światło, odkrył on (Adam) również dary skojarzone z tym Światłem, a były one tak zniewalająco kuszące, iż całkowicie zapomniał o intencji obdarzania.

I jak tylko Adam zaczął myśleć w ten sposób, chciał stosownie postępować, aby być takim jak Stwórca. Jednakże aby tworzyć, trzeba posiadać pragnienie obdarzania, a Adam go nie posiadał. To ponownie rozbudziło poczucie niższości i wstydu, które było ukryte przez pierwotny *Masach* na Etapie Cztery, a wraz z nim zniknęło Światło, podobnie jak to miało miejsce podczas ograniczenia.

Ale pragnienia Adama nie można już było odwrócić; wiedział już, jakie rozkosze czekają na tych, którzy stają się takimi jak Stwórca, i nie mógł o tym zapomnieć. I z tego powodu Adam nie mógł wykonywać pracy w celu obdarzania, ponieważ wiedział, że gdyby tylko mógł znaleźć sposób, aby stać się takim jak Stwórca, stałby się jedynym władcą wszechświata, całej rzeczywistości. Tak więc Adam stał się egoistą do szpiku kości, a każda jego część pragnęła być taka jak Stwórca. W konsekwencji tego egoistyczne części rozpadły się na mnóstwo małych części, każda z jej własnym egoistycznym pragnieniem, aby stać się jak Stwórca.

Rozpad *Parcufa* Adama znany jest jako „rozbicie duszy Adama” lub w skrócie „rozbicie duszy”. Wraz z rozbiciem Adama w rzeczywistości pojawił się nowy byt – istota egoistyczna, której pragnieniem jest, aby obdarzać samą siebie, a nie Stwórcę, i której ostatecznym pragnieniem jest wszechmoc i wszechwiedza, a nie bezgraniczna zdolność obdarzania.

W Kabale, jak wyjaśnia Baal HaSulam w „Przedmowie do nauki Kabały”, różnica pomiędzy duchowością a fizycznością jest taka, że w sferze duchowej nie istnieje pragnienie otrzymywania bez ekranu *Masach*, natomiast w sferze fizycznej istnieje tylko pragnienie otrzymywania bez *Masach*. [9] Stąd nasz wszechświat jest jedynym materialnym tworem, jaki istnieje, a wszystko, co znajduje się w naszym wszechświecie, pochodzi od rozbicia duszy Adama.

Powodem, dla którego uważamy nasz wszechświat za „świat", czyli takie samo określenie, jakie przypisujemy światom duchowym, jest to, iż pojęcie „świat" odzwierciedla pewien stopień ukrycia Światła. Jedyna różnica pomiędzy naszym materialnym wszechświatem a duchowym polega na tym, że w świecie duchowym, nawet gdy nie ma wcale Światła, istnieje wciąż świadomość obdarzającej natury Stwórcy oraz pragnienie, aby ją osiągnąć. W naszym wszechświecie istnieje tak całkowite ukrycie, iż nie jesteśmy nawet świadomi znaczenia słowa „Stwórca" i myślimy o nim jako o istocie (jeśli nie osobie), która czeka na nasze prośby, aby w zamian obdarować nas miłosierną odpowiedzią.

W języku hebrajskim ludzie nazywani są *Bnei Adam* (synowie Adama). Rzeczywiście, jesteśmy konsekwencją pomyłki Adama i dlatego tylko my jesteśmy w stanie naprawić jego błąd. Będąc jedynym gatunkiem, który sam może wybrać swój bieg życia, ludzie są jedynymi, którzy mogą zdecydować o losie wszelkiego życia na Ziemi - na lepsze lub gorsze.

Jak zobaczymy w następnych rozdziałach, z wyjątkiem ludzi, cała przyroda przestrzega zasady, która dostosowuje ją do praw światów duchowych. My z drugiej strony musimy nauczyć się przestrzegać tej zasady samodzielnie. Chcąc posiadać intencję obdarzania w większym stopniu niż dar, który pochodzi z obdarzania (wszechmoc i wszechwiedza), możemy naprawić błąd Adama. Oznacza to, że wybierając intencję obdarzania, dar nierozerwalnie będzie z nią związany i nadal otrzymywać będziemy wszechmoc i wszechwiedzę. Jednakże ponieważ będziemy mieć zamiar obdarzania, otrzymamy dar bycia podobnym Stwórcy, jako że będziemy świadomi, iż w ten sposób sprawimy zadowolenie Stwórcy, który chce nam ofiarować ten dar. W rezultacie będziemy cieszyć się prezentem, ale nie ulegniemy rozbiciu – popadając w egocentryzm, jak stało się to za pierwszym razem. Będzie to koniec naprawy dla całej ludzkości i osiągnięcie celu Stworzenia, wyznaczonego w Zamyśle Stworzenia.

W następnym rozdziale zbadamy, w jaki sposób rozwinęło się życie w świecie fizycznym po rozbiciu Adama, jakie części stworzenia zostały już naprawione, a co jeszcze czeka na naszą naprawę - wybierając obdarzanie zamiast otrzymywania.

[1]   Ashlag, "The Giving of the Torah," in *Kabbalah for the Student,* 244

[2]   Ashlag, "The Essence of the Wisdom of Kabbalah," in *Kabbalah for the Student,* 25

[3]   Ashlag, "Introduction to the Book of Zohar," in *Kabbalah for the Student,* 128

[4]   (ibid.)

[5]   (ibid.)

[6]   (ibid.)

[7]   (ibid.)

[8]   Ashlag, "The Giving of the Torah," in *Kabbalah for the Student,* 244

[9]   Ashlag, "Preface to the Wisdom of Kabbalah," in *Kabbalah for the Student,* 571-573

Rozdział 4
Wszechświat i życie na Ziemi

Pod koniec poprzedniego rozdziału powiedzieliśmy, iż rozbita dusza Adama jest naszym wspólnym początkiem. Będąc *Parcufem*, struktura Adama była doskonałą repliką jego macierzystego (naprawionego) *Parcufa*. W trakcie rozbicia Adam rozszerzył strukturę światów duchowych (światów obdarzania) do jej najniższego punktu – krańcowego otrzymywania.

W konsekwencji tego wszystko, co istnieje w światach duchowych, istnieje także w naszym świecie. Z tego powodu ten sam czterostopniowy wzór, według którego ewoluowały etapy pragnienia (po którym nastąpiły cztery etapy ewolucji światów duchowych), istnieje również w naszym świecie materialnym. Analizując zagadnienie, w jaki sposób ewoluował nasz świat, powinniśmy mieć na uwadze pragnienia, które go stworzyły i nim zarządzają.

Wielki Wybuch

Czas, jak go pojmujemy, zaczął swój bieg około czternastu miliardów lat temu. Z kabalistycznej, duchowej perspektywy „Wielki Wybuch" był rozbiciem duszy Adama. Powodem, dla którego postrzegamy go jako zdarzenie fizyczne, jest to, iż widzimy świat poprzez filtr naszych fizycznych (egocentrycznych) oczu. Gdybyśmy mogli zobaczyć to z perspektywy siły, która wywołała ten ogromny wybuch, nazywany „Wielki Wybuch", zobaczylibyśmy go jako wynik próby otrzymania Światła przez Adama, chcącego skorzystać z ostatniego i największego pragnienia, jak zostało to opisane w poprzednim rozdziale.

Cztery etapy w materii

Tak jak pierwotne pragnienia ewoluowały w sposób stopniowy, ich fizyczne odpowiedniki także pojawiały się i naprawiały etapowo, od najłatwiejszych do najtrudniejszych. W miarę jak każde pragnienie przejawia się w naszym wszechświecie, Natura, która jest synonimem Stwórcy, musi „nauczyć" je właściwego trybu pracy, aby przyczyniało się do pomyślności i równowagi wszechświata.

Aby to osiągnąć, Natura stosuje podejście bardzo podobne do naturalnej zasady selekcji Darwina. W rzeczywistości wielu czołowych uczonych obecnie potwierdza istnienie procesu naturalnej selekcji w okresie jeszcze przed pojawieniem się życia na Ziemi. Profesor Ada Yonath, laureatka Nagrody Nobla w dziedzinie chemii, złożyła następujące oświadczenie podczas międzynarodowej konwencji z okazji 150. rocznicy publikacji dzieła Darwina *„O pochodzeniu gatunków"*: „Przetrwanie najsilniejszych i dobór naturalny odegrały ważną rolę w świecie prebiotycznym, chociaż cechy te są związane przede wszystkim z ewolucją gatunku". [1]

Tak jak w przypadku zasady selekcji naturalnej Darwina, zaleta wszelkich nowych zmian w przyrodzie jest oceniana przez pryzmat ich wkładu w zrównoważony rozwój ich beneficjenta. Różnica pomiędzy darwinowską zasadą i tą kabalistyczną dotyczy samego beneficjenta: w klasycznej teorii Darwina beneficjentem jest gatunek; natomiast w Kabale beneficjentem jest natura - *cała Natura*, czyli Stwórca.

Jeśli ta idea wydaje się być nieco naciągana, pomyślmy o gatunkach jako o częściach ekosystemu. We współczesnej biologii powszechnym jest analizowanie gatunków w stosunku do ich otoczenia, a nie niezależnie od niego. A ponieważ wiemy, iż wszystkie ekosystemy są połączone ze sobą, łatwo jest zrozumieć, iż pewne zakłócenie w jednym systemie może i będzie mieć negatywny wpływ na resztę systemów na naszej planecie.

Być może najlepszy opis, jaki słyszałem do tej pory, wyjaśniający, w jaki sposób Natura przestawia swoje elementy z trybu otrzymywania od środowiska na tryb dawania środowisku, należy do biologa ewolucyjnego dr Elisabet Sahtouris. W swojej prezentacji, którą przedstawiła w listopadzie 2005 roku na konferencji w Tokio, dr Sahtouris stwierdziła: „W naszym ciele każda cząsteczka, każda komórka, każdy narząd i całe ciało charakteryzuje się własnym interesem. Kiedy każdy poziom... demonstruje swój własny interes, doprowadza to do negocjacji pomiędzy poziomami. To jest tajemnica natury. W każdej chwili życia naszego organizmu te negocjacje prowadzą cały system do stanu harmonii".

Oczywiście, równowaga i pomyślność wszystkich systemów to konieczność dla przetrwania ludzkiego organizmu. W rezultacie równowaga jest czynnikiem niezbędnym dla przetrwania każdego z systemów organizmu. Obecnie pogląd na naturę jako system, a nie jako zbiór oddzielnych elementów zyskał poparcie wśród czołowych naukowców świata. Doprowadziło to do powstania takich dziedzin nauki, jak ekologia, cybernetyka, teoria systemów i złożoności.

Jak już zobaczyliśmy, Kabała zawsze traktowała całą przyrodę jako pojedynczą formację. Ta jedność nie odnosi się wyłącznie do ziemi i do życia na niej, ale także do całego wszechświata - w fizycznej, jak i duchowej jego części.

Stąd też takie same zasady, które odnoszą się do świata duchowego - świata altruizmu – mają zastosowanie do naszego świata materialnego – świata egoizmu. Różnica pomiędzy naszym światem a światem duchowym polega na tym, że pragnienia duchowe dotyczą wyłącznie obdarzania, podczas gdy my jesteśmy potomkami Adama i jego rozbicia. Jako tacy, jesteśmy z natury egocentryczni, czasami aż do osiągnięcia stanu nieświadomości, iż tacy właśnie jesteśmy.

A ponieważ jesteśmy tak zaabsorbowani sobą, pozostajemy nieświadomi faktu, iż na swoich najgłębszych poziomach Natura rządzi się zasadami altruistycznymi. Rolą Kabały jest, aby odkryć te reguły i wprowadzić je jako sposób zrozumienia naszego świata po to, aby zarządzać nim na nowym poziomie świadomości. Z tego powodu wszystko, co odtąd omówię - od powstania wszechświata do naprawy stosunków międzyludzkich - będzie pochodzić i opierać się na koncepcji ewolucji pragnień, którą już tutaj wyjaśniłem.

Poziom nieożywiony

W następstwie rozbicia Adama każdy element pragnienia otrzymywania zaczyna czuć się jak niezależny byt, oddzielony od swojego otoczenia i pragnący chłonąć z niego. To pragnienie absorpcji, siła przyciągająca lub też siła grawitacyjna – fizyczny odpowiednik pragnienia otrzymywania – spowodowała tworzenie się pierwszych grup (skupisk) we wszechświecie, które później stały się podstawą jego pierwszych galaktyk.

W miarę jak przestrzeń i pola grawitacyjne tworzyły coraz bardziej zorganizowane formy pragnienia absorpcji (czyli pragnienia otrzymywania), doszło do pojawienia się cząstek. Proces absorpcji trwał nadal aż do narodzenia się gwiazd, z których niektóre były otoczone przez planety. Zatem grawitacja, najsłabsza siła Natury, stworzyła infrastrukturę całego wszechświata, tak jak Etap Jeden, najsłabsze pragnienie otrzymywania, stworzyło infrastrukturę dla wszystkich czterech etapów oraz wszystkich światów duchowych, które po nich nastąpiły.

Tak jak na Etapie Jeden, pragnienie otrzymywania w materii nieożywionej składa się głównie z pragnienia zabezpieczenia swojego przetrwania. Jego jedyna relacja w stosunku do innych polega na tym, iż opiera się wszelkim próbom rozłamania, rozpuszczenia czy też innego rodzaju zmiany. Jednakże w wyniku aspiracji poziomu nieożywionego do utrzymania własnego istnienia niektóre cząstki „odkryły", iż mogą najlepiej zabezpieczyć swoją przyszłość poprzez współpracę z innymi elementami.

W przeciwieństwie do darwinowskiej teorii ewolucji Kabała twierdzi, iż nie jest to dziełem przypadku. Cząstki tak naprawdę nic nie „odkrywają" i przypadkowo nie współpracują ze sobą, aby następnie korzystać z tej współpracy. Oznaczałoby to, iż sama Natura jest bezcelowa, przypadkowa, iż nie ma w niej z góry określonego celu na końcu całego procesu. Zamiast tego Baal HaSulam tłumaczy (w „Przedmowie do nauki Kabały" [2], w „Nauce dziesięciu Sfirot" [3] oraz w innych dziełach), że skoro nasz świat jest ostatnim z serii wydarzeń przyczynowo-skutkowych, pragnienia, które pojawiają się w naszym świecie, zawierają już (choć nieświadomie) wspomnienia z poprzednich stanów w sobie, ponieważ są ich gałęziami. Stąd pragnienie otrzymywania na tym świecie posiada już ślad (wspomnienie) czterech etapów, Parcufa i wszystkich światów duchowych. W rezultacie tego przygotowanie do odkrywania korzyści ze współpracy istnieje już wstępnie na wszystkich poziomach pragnień na tym świecie. To właśnie pozwala im na „cudowne" odkrycie zalet „negocjacji w harmonii", jak ujmuje to Sahtouris.

Większość fizyków zgadza się, iż cząstki nie potrzebowały wiele czasu, aby „odkryć" korzyści wynikające ze współpracy. Publikacja wydana przez Haystack Observatory, centrum badawczego w MIT, wyjaśnia: „Kiedy wszechświat miał zaledwie 3 minuty, ochłodził się wystarczająco, aby protony i neutrony połączyły się w jądra". [4] Jednakże aby się dalej rozwijać, musiały stworzyć dodatkową współpracę, co objawiło się w postaci elektronów. Zrównoważyły one dodatni ładunek jąder. W dokładnie ten sposób pojawiły się pierwsze atomy.

Dla tych cząstek, będących częścią atomu i rezygnujących z ich własnego interesu na rzecz dobra atomu, była to cała naprawa, jakiej potrzebowały. Działając dla dobra systemu, w którym żyły – a nie dla własnego dobra – przestały być egocentrycznymi, a stały się zorientowane na cały system. Były teraz „świadome" swojego środowiska i tego, w jaki sposób mogą przyczynić się do jego dobra. W ten sposób stały się „altruistami", aczkolwiek dla egoistycznego celu utrwalenia swojej własnej egzystencji.

Nagrodą dla cząstek, które odznaczają się dawaniem dla otoczenia, jest stworzenie silnego środowiska, czyli stabilnych atomów. Gwarantuje to ich dalsze istnienie.

Ponadto, ponieważ atomy potrzebują wszystkich ich cząstek, aby się utrzymać, chronią zatem cząstki w nich zawarte. W ten sposób w wyniku rezygnacji z własnego interesu na korzyść swoich atomów cząstki składają się na dobro całego systemu. Taki „układ" okazał się na tyle skuteczny, że „Kilka chwil po Wielkim Wybuchu protony i neutrony zaczęły się łączyć ze sobą, tworząc hel-3 i inne podstawowe pierwiastki", powiedział Robert Rood z Uniwersytetu w Wirginii, cytowany w komunikacie zamieszczonym przez National Radio Astronomy Obserwatory. [5] W ten właśnie sposób pojawiły się pierwsze minerały.

Organizm człowieka jest, być może, najbardziej obrazowym przykładem *sposobu działania,* polegającego na rezygnacji z własnego interesu na rzecz dobrobytu systemu nadrzędnego w zamian za ochronę ze strony całego systemu. W organizmie człowieka, tak jak w każdym innym organizmie, każda komórka odgrywa szczególną rolę. Aby organizm przetrwał, każda komórka musi wykonywać swoją funkcję optymalnie do swoich możliwości i zastąpić cel podtrzymania jedynie własnego życia celem utrzymania życia jego organizmu nadrzędnego. Jeśli komórka zaczyna działać wbrew tej zasadzie, jej interes wkrótce będzie sprzeczny z interesami danego organizmu, a wtedy mechanizmy obronne tego organizmu zniszczą ją. W przeciwnym razie jest prawdopodobne, iż zostanie utworzony guz niesubordynowanych komórek, które będą dążyć do zużycia zasobów organizmu wyłącznie dla własnej korzyści. W przypadku wystąpienia takiego procesu możemy zdiagnozować takie komórki jako „nowotwór".

Jeśli rak wygra, ciało umiera i guz ginie wraz z nim. Jeśli wygrywa ciało, a rak umiera, organizm żyje nadal wraz z komórkami, które nie stały się złośliwe, natomiast egocentryczne komórki są unicestwiane. Jest to pewnego rodzaju naturalny mechanizm zabezpieczający, który sprawia, iż systemy egocentryczne nie mogą przetrwać. Nie ma tutaj także niczego cudownego; jest po prostu tak, że mechanizmy egocentryczne nieuchronnie skazują się na wymarcie, ponieważ ostatecznie konsumują swoich 'dostawców żywności'.

Tak więc w interesie wszystkich komórek organizmu jest pozbycie się guza. Innymi słowy, aby zapewnić przetrwanie elementów danego systemu, same elementy w tym systemie muszą dbać o dobrobyt całego systemu ponad troszczenie się o swoją indywidualną korzyść. W zamian za to system będzie troszczył się o ich dobrobyt oraz zapewniał im przetrwanie.

Zasada, która została właśnie wyjaśniona, nie odnosi się tylko do cząsteczek, atomów czy organizmów, ale do całego życia. Stosując ją, wszystkie elementy natury uczą się rezygnować ze swojej egoistycznej natury, osiągając naturę altruistyczną, która stawia dobro grupy ponad swoje własne dobro.

Tak więc wracając do tematu obserwacji wczesnego wszechświata, kiedy już cząstki połączyły się, aby stworzyć atomy, wtedy atomy te także zaczęły się łączyć, tworząc pierwsze molekuły. Przestrzegały one tej samej zasady, a cząsteczki, które przetrwały, były tymi, gdzie atomy były ściśle ze sobą połączone, rezygnując z własnego interesu na rzecz dobrobytu systemu nadrzędnego – systemu molekuł.

W całym tym procesie nie ma wolności wyboru. Atom lub molekuła nie mogą zdecydować, iż nie chcą zostać stworzone, ponieważ dla elementów, które je tworzą, jest to najlepszym rozwiązaniem, gdyż tworząc je, dbają także o swoje własne interesy. Jednak, tworząc molekuły, atomy osiągnęły coś znacznie bardziej ważnego niż ochrona samych siebie oraz cząstek, które je utworzyły. Podobnie jak cząstki, zbudowały one system, dla którego mogłyby się zrzec swojej własnej korzyści, a czyniąc tak, atomy przekształciły się z bytów zorientowanych na samych siebie na jednostki zorientowane na system, co oznacza stan altruistyczny.

W ten sposób została naprawiona kolejna warstwa nieożywionego poziomu pragnienia otrzymywania. I chociaż nie było wolnej woli w całej tej naprawie, altruistyczny *modus operandi* jest wszystkim, czego wymaga się, aby minerały zostały uznane za naprawione. Podobnie jak Etap Jeden nie miał wolnego wyboru w kwestii swojej ewolucji, poziom nieożywiony także nie posiada wolnej woli w swoim rozwoju; po prostu funkcjonuje w celu zapewnienia swojego przetrwania najlepiej, jak tylko potrafi.

Co ciekawe, teoria Darwina odzwierciedla niemalże ten sam wzór w swojej zasadzie doboru naturalnego. Różnica pomiędzy Kabałą a darwinizmem polega na tym, że to, co darwinizm definiuje jako stabilne molekuły naprzeciw tych niestabilnych, Kabała określa to jako zrównoważone kontra niezrównoważone. Zrównoważone molekuły wspierają atomy, które je tworzą, natomiast atomy w równym stopniu wspierają ich molekuły.

W „Egoistycznym genie" Richard Dawkins - jeden z najbardziej znanych współczesnych zwolenników Darwina - opisuje proces ewolucji molekularnej: „Najwcześniejsza forma doboru naturalnego była po prostu wyborem stabilnych form i odrzuceniem tych niestabilnych. Nie ma w tym żadnej tajemnicy. Tak musiało się dziać z definicji". [6]

Obserwacje Dawkinsa są zbieżne z tym, co mówi Kabała. W terminologii kabalistycznej stabilna molekuła to taka, której atomy zrzekły się swojego dobra dla korzyści całej molekuły. Tak więc „stabilne formy" Dawkinsa są synonimiczne z kabalistycznymi „naprawionymi molekułami", w których atomy stały się „altruistyczne". Z drugiej strony w niestabilnych (nienaprawionych) molekułach jeden lub więcej z ich atomów skupia się na swojej własnej korzyści.

Zgodnie z tą samą procedurą, która dotyczy cząsteczek i atomów, molekuły zaczęły się gromadzić i tworzyć to, co biolodzy nazywają „interakcjami molekularnymi" lub „wiązaniami". Podobnie jak w przypadku samych molekuł, interakcje, w których molekuły poświęciły się dla wzmocnienia wiązania, dla jego dobra, rozwijały się pomyślnie, natomiast te, których molekuły tylko częściowo wspierały wiązania, uległy dezintegracji.

Wiele form oddziaływań molekularnych występuje w przyrodzie, ale mniej niż cztery miliardy lat temu jedna szczególna taka interakcja zaznaczyła przejście z nieożywionego poziomu ziemi (a może też całego wszechświata) do poziomu wegetatywnego, roślinnego. Temu szczególnemu zbiorowi molekuł nadano nazwę „kwas deoksyrybonukleinowy", inaczej znany jako DNA (zdj. 2).

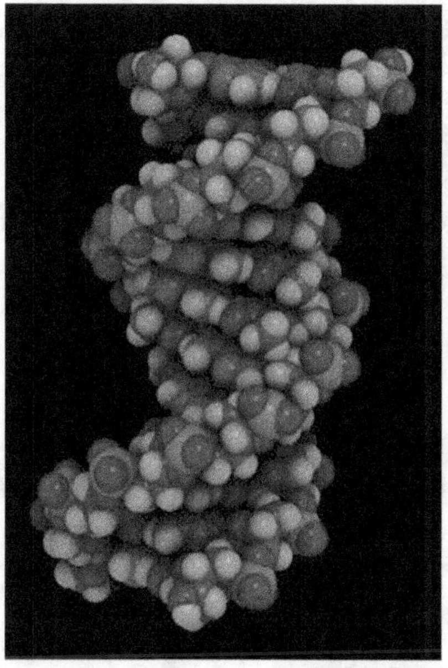

Zdj. 2: Kwas deoksyrybonukleinowy, znany również jako DNA

W atomach cząstki przybierają różne funkcje: niektóre z nich tworzą jądro, a niektóre na przykład tworzą powłoki. Podobnie w molekułach atomy wykonują różne zadania i muszą stosować się do sztywnych form połączeń. I wreszcie w przypadku interakcji molekularnej każda molekuła również odgrywa tutaj inną rolę.

Jednakże wraz z pojawieniem się DNA sytuacja zaczęła się zmieniać. DNA nie jest po prostu jeszcze jedną konstrukcją, złożoną z różnych molekuł, które tworzą daną strukturę. Jest to struktura, która może *wchodzić w interakcje* z innymi formami, gdzie każdej strukturze przypisana jest inna funkcja. Te, połączone ze sobą, służą dobru całej *struktury*. W biologii struktury takie nazywane są „komórkami" lub „organizmami jednokomórkowymi" i stanowią najbardziej prymitywne formy życia.

Można założyć, iż w istocie organizmy te działają tak samo, jak atomy, molekuły lub struktury molekularne opisane powyżej. Jednkaże unikalna struktura, utworzona na bazie DNA, pozwala na pojawienie się dwóch, dotychczas nieistniejących funkcji: 1) DNA jest pierwszą znaną strukturą w przyrodzie, która jest w stanie replikować sama siebie, jak również struktury molekularne, które ją wspierają! 2) Komórki są pierwszymi strukturami, które systematycznie wchodzą w interakcję z otoczeniem. Wchłaniają one składniki odżywcze z otoczenia, przetwarzają je w celu wydobycia energii, której potrzebują do przeżycia, a następnie wydalają odpady. Ponadto komórki mogą powtórzyć ten proces tak wiele razy, iż faktycznie są w stanie *zmienić swoje środowisko*.

Istnieje wiele definicji życia. Nie ryzykując, wybiorę taką, którą oferuje *Encyclopedia Britannica*: „Materia wykazująca pewne cechy, które obejmują czas reakcji, wzrost, metabolizm, przemianę energii i reprodukcję". [7] Pierwsze komórki, noszące nazwę „organizmy prokariotyczne", posiadały wszystkie te cechy i były bezpośrednią ewolucją oddziaływań molekularnych. Tak więc początek życia takiego, jakie znamy, został zainicjowany przez takie samo prawo, dzięki któremu wszystkie systemy osiągają równowagę i trwałość - ich składniki rezygnują z ich własnych interesów na rzecz dobrobytu ich systemów nadrzędnych w zamian za opiekę systemu względem nich.

Poziom roślinny

Jak wspomniano powyżej, pierwsze żywe organizmy były pierwotnymi komórkami zwanymi „prokariontami". Podobnie jak w przypadku minerałów na etapie nieożywionym, prokarionty stawały się coraz bardziej złożone.

Faza roślinna w ewolucji życia odpowiada Etapowi Dwa. Różnica między Etapem Jeden a Dwa polega na tym, iż Etap Jeden jest bierny – otrzymując to, co daje Natura – podczas gdy Etap Dwa reaguje na ten akt, chcąc oddawać. Podobnie rośliny odpowiadają na działanie ich środowiska i wchodzą z nim w interakcję. Ich produkt – tlen jest darem flory dla naszego świata i jest tak ważnym elementem życia, iż bez niego ewolucja, jaką znamy, nie byłaby możliwa.

W swoim „Wstępie do Księgi Zohar" [8] Aszlag wyjaśnia, iż roślinny poziom pragnienia otrzymywania, jaki przejawia się w roślinach, wykazuje bardziej intensywne pragnienie otrzymywania. To dlatego konstrukcje, które tworzy, są bardziej skomplikowane i mają bardziej zauważalny wpływ na środowisko.

Ponadto w przeciwieństwie do minerałów rośliny to indywidualne osobniki z własną reprodukcją, odżywianiem, a nawet mechanizmami migracyjnymi. Jednakże podobnie jak minerały, wszystkie rośliny zachowują się podobnie – dokładnie stosując się do programu 'zainstalowanego' w nich przez Stwórcę. Otwierają swoje płatki (jeśli je mają) w tym samym czasie w godzinach porannych, zamykają je w tym samym czasie w godzinach wieczornych i wykonują niemal dokładnie taką samą procedurę, jak to czynią inne okazy tego samego gatunku.

Tak więc zgodne z prawem rezygnacji z interesu własnego opisanym w poprzedniej części, komórki rozwijały się nadal, tworząc struktury bardziej złożone. Początkowo zbierały się w duże kolonie pojedynczych komórek. Następnie stopniowo zaczęły zdawać sobie sprawę, iż mogą skorzystać na przypisaniu różnych ról poszczególnym grupom komórek. Niektóre komórki stały się „łowcami", dostarczającymi żywność dla całej kolonii, inne komórki stały się jej strażnikami, a jeszcze inne wzięły na siebie zadanie oczyszczania, a każda z tych grup przyczyniała się do dobrobytu całej społeczności.

Jak powiedzieliśmy wcześniej na temat współpracy cząstek, współpraca zróżnicowanych organów nie jest przypadkowa. Opiera się ona na podobnych strukturach, jakie istnieją w sferze duchowej, altruistycznej. Opis duchowych (altruistycznych) światów, jaki został poczyniony w rozdziałach 2 i 3, jest podstawowym ich opisem. W *Nauce dziesięciu Sfirot* [9] Baal HaSulam dokonuje szczegółowej analizy wewnętrznej struktury *Parcufa*, o którym mówiliśmy wcześniej, i wyjaśnia ją w takich kategoriach, jak układ pokarmowy, układ rozrodczy, ręce, nogi itp.

Jednakże Baal HaSulam opisuje wszystkie te elementy jako interakcje pomiędzy pragnieniami obdarzania i otrzymywania. Nie są to obiekty fizyczne żadnego rodzaju, chociaż to, w jaki sposób się zachowują, służy jako pewien „prototyp" zachowań dla podobnych systemów w naszym świecie. W Kabale prototyp nosi nazwę „korzenia", a wszystkie jego odnogi nazywane są „gałęziami".

Poza oczywistą zaletą rozmiaru, jaką kolonie posiadają nad pojedynczymi komórkami, wracając do tematu ewolucji, komórki w koloniach mają jeszcze inną przewagę nad pojedynczymi komórkami: mogą skupić się na jednym konkretnym zadaniu, a tym samym doskonalić swoją skuteczność, zwiększając swój wkład w kolonię, polegając na swoich bratnich komórkach w kolonii, aby te z kolei zapewniały im inne potrzeby.

Pojedyncze komórki z drugiej strony musiały samodzielnie wykonywać wszystkie zadania, niezbędne do swojego utrzymania się. Ta zwiększona wydajność oznacza, iż kolonie zużywały mniej energii do zapewnienia tej samej ilości żywności, ciepła, ochrony i wszelkich innych potrzeb. Zatem, rezygnując z własnego indywidualnego interesu, komórki zaczęły się także różnicować.

W miarę jak ewoluowało zróżnicowanie komórkowe, pojawiały się coraz większe, silniejsze i bardziej różnorodne rośliny. Pozwalając niektórym komórkom skupić się wyłącznie na zasysaniu wody z ziemi, a innym koncentrować się na procesie fotosyntezy, rośliny zaczęły przypisywać określonym częściom kolonii, a nie wyłącznie pewnym komórkom, określone zadania. Spowodowało to pojawienie się takich *narządów*, jak korzeń, łodyga i liście, co pozwoliło na rozwój roślin wyższych poziomów. Tak jak poprzednio, decydującym czynnikiem sukcesu lub niepowodzenia nowego etapu ewolucyjnego była „zgoda" komórek lub narządów w systemie nadrzędnym na zrzeczenie się własnego interesu na rzecz interesów całego systemu, w tym przypadku rośliny.

Poziom zwierzęcy

Przez jakieś dwa miliardy lat rośliny były władcami Ziemi. Ale pragnienie otrzymywania, które rozbiło *Parcuf* Adama, posiadało więcej aspektów, które wymagały naprawy, to znaczy nauczenia się, jak pracować jako jeden system, rezygnując z egoistycznego interesu na rzecz dobra systemu nadrzędnego. W miarę jak pojawiały się pragnienia, zaczęły się uwidaczniać te, które odnosiły się do Etapu Trzy, tworząc coraz bardziej złożone formy życia.

Ze względu na ich wyższy poziom pragnienia, jak wyjaśnia Aszlag w swoim „Wstępie do Księgi Zohar", każda jednostka, która należała do Etapu Trzy, posiadała zwiększone poczucie samostanowienia oraz większe pragnienie autonomii. Tak więc podczas gdy osobniki nadal rozpoznawały siebie jako część swojego gatunku, niemniej zaczęły rozwijać indywidualną tożsamość. [10]

Korale na przykład, które wyewoluowały prawie 500 milionów lat temu, były jednymi z pierwszych gatunków zwierząt, które się pojawiły. Niektóre z nich rozwinęły (w pierwotnej postaci) mięśnie, które umożliwiały im poruszanie, a tym samym były one w stanie swobodnie zmieniać swoje otoczenie. Ponadto w przeciwieństwie do roślin, które realizują swoje potrzeby odżywcze, wykorzystując fotosyntezę, korale muszą żerować na innych organizmach, aby przetrwać, a często zawierają komórki glonów do fotosyntezy światła dla dostarczenia węglowodanów (cukrów) (rys. 3).

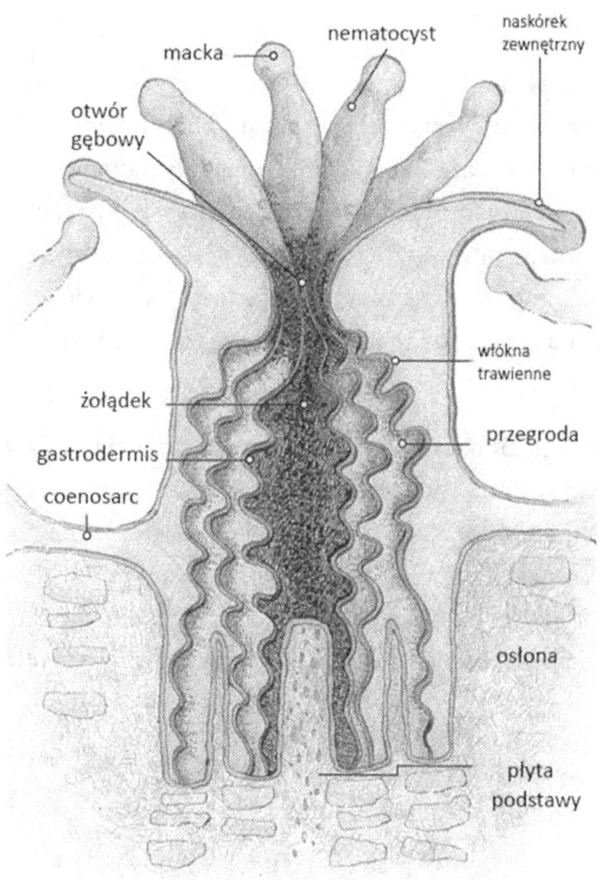

Rysunek nr 3: W przeciwieństwie do roślin, które używają fotosyntezy do odżywiania, koral odżywia się poprzez żerowanie na innych organizmach.

Jednakże korale posiadają jeszcze inną strukturę tkanki, charakterystyczną dla zwierząt: nerwy. Pojawienie się układu nerwowego, zwłaszcza ośrodkowego układu nerwowego (OUN), pozwoliło na zwiększenie kontroli nad funkcjami organizmu i ułatwiło ewolucję różnych zwierząt, które istnieją obecnie.

Poniżej znajduje się bardzo przybliżone kalendarium prawie czterech miliardów lat życia na Ziemi pokazujące, w jaki sposób uwidaczniały się pragnienia w procesie ewolucji.

Etap nieożywiony – Etap piewrszy

- 3,8 miliarda lat od pojawienia się prostych komórek (prokariontów);

Etap wegetatywny, roślinny – Etap drugi

- 3 miliardy lat od pojawienia się fotosyntezy;
- 2 miliardy lat od pojawienia się złożonych komórek (eukariotów);
- 1 miliard lat od pojawienia się wielokomórkowego życia;

Etap zwierzęcy - Etap trzeci

- 600 milionów lat od pojawienia się prostych zwierząt;
- 570 milionów lat od pojawienia się owadów;
- 550 milionów lat od pojawienia się złożonych zwierząt;
- 500 milionów lat od pojawienia się ryb;
- 475 milionów lat od pojawienia się roślin lądowych;
- 400 milionów lat od pojawienia się nasion;
- 300 milionów lat od pojawienia się gadów;
- 200 milionów lat od pojawienia się ssaków;
- 150 milionów lat od pojawienia się ptaków;
- 130 milionów lat od pojawienia się kwiatów;
- 65 milionów lat od wyginięcia nielatających dinozaurów;

Etap ludzki (mówiący) – Etap czwarty

- 2.5 miliona lat od pojawienia się rodzaju Homo;

- 200 000 lat od pojawienia się Homo sapiens.

Jak widać na powyższej liście, ewolucja gatunków i ewolucja pragnień odpowiadają sobie raczej dokładnie. Następny rozdział będzie poświęcony pojawieniu się i ewolucji Etapu Cztery w rozwoju pragnienia otrzymywania na Ziemi – „mówiącemu", którym jest istota ludzka.

[1]   Nobel Lecture by Ada E. Yonath, http://nobelprize.org/media-player/index.php?id=1212&view=1

[2]   Ashlag, "Preface to the Wisdom of Kabbalah", in *Kabbalah for the Student*, 567-568

[3]   Yehuda Ashlag, *Talmud Eser Sefirot* (*The Study of the Ten Sefirot*), Part 1 (Israel: Ashlag Research Institute, 2007), 5

[4]   "Where Did All the Elements Come From??" Haystack Observatory, an interdisciplinary research center of the Massachusetts Institute of Technology (MIT) (August 11, 2005), http://www.haystack.mit.edu/edu/pcr/Astrochemistry/3%20-%20MATTER/nuclear%20synthesis.pdf

[5]   "Helium-3 in Milky Way Reveals Abundance of Matter in Early Universe," National Radio Astronomy Observatory (January 2, 2002), http://www.nrao.edu/pr/2002/he3/

[6]   Richard Dawkins, *The Selfish Gene* (New York: Oxford University Press Inc., 1989), 13

[7]   Lynn Margulis, Carl Sagan, Dorion Sagan (Primary Contributors), "Life," *Encyclopædia Britannica*, http://www.britannica.com/EBchecked/topic/340003/life

[8]   Ashlag, "Introduction to the Book of Zohar," in *Kabbalah for the Student*, 128

[9]   Yehuda Ashlag, *Talmud Eser Sefirot* (*The Study of the Ten Sefirot*), Parts 10-12 (Israel: Ashlag Research Institute, 2007), 865-1296

[10] Ashlag, "Introduction to the Book of Zohar," in *Kabbalah for the Student*, 128

Rozdział 5
Rodzaj Homo

Podobnie jak Etap Cztery stanowi część naturalnej ewolucji pragnienia otrzymywania, jego materialny odpowiednik - gatunek ludzki - pojawił się dzięki naturalnemu procesowi ewolucji według tej samej zasady, która została wyjaśniona w poprzednich rozdziałach. Rodzaj Homo (małpa człekokształtna) po raz pierwszy pojawił się około 2,5 miliona lat temu i rozwinął się, tak jak zrobiły to wszystkie inne gatunki, dzięki doborowi naturalnemu. Podobnie jak w przypadku zwierząt, hominidy zdrowsze i silniejsze przeżyły, natomiast te słabsze wyginęły.

Jednakże małpoludy, a głównie najpóźniejszy etap ewolucji gatunku, Homo sapiens, zainwestował znacznie więcej czasu i energii w stosunki społeczne niż jakiekolwiek inne gatunki. Chociaż wiele gatunków, takie jak delfiny, szympansy i wilki, tworzą skomplikowane relacje społeczne, to właśnie struktury społeczne w zbiorowościach ludzkich są najbardziej dynamiczne i *ewolucyjne* z natury.

Odnosząc się do tego, Baal HaSulam pisał we „Wstępie do Księgi Zohar", iż w przeciwieństwie do zwierząt ludzie mają zdolność wyrażania współczucia dla cudzych trosk i radości, natomiast zwierzęta nie posiadają takiej cechy. [1] Dokonując takiego stwierdzenia, Baal HaSulam nie odnosił się do empatii, jaka często występuje u zwierząt pomiędzy matką a potomstwem czy nawet pomiędzy niespokrewnionymi osobnikami danego gatunku. Zamiast tego mówi tutaj o zupełnie nowym mechanizmie pragnienia otrzymywania: ewolucji poprzez zazdrość.

W punkcie 38 wspomnianego wprowadzenia Aszlag wyjaśnia różnicę pomiędzy pragnieniami u ludzi i u zwierząt oraz to, jak zazdrość zwiększa nasze pragnienia: „Pragnienie otrzymywania na poziomie zwierzęcym, które cechuje brak odczuwania innych, może generować tylko potrzeby i pragnienia w takim stopniu, w jakim są wpisane w samym tym stworzeniu". [2]

Innymi słowy, jeśli zwierzę wie, że jedzenie jest dobre, może również chcieć pomóc innym zwierzętom zdobyć żywność. „Ale człowiek", kontynuuje Aszlag, „który potrafi odczuwać innych, potrzebuje także wszystkiego, co posiadają inni, a więc jest wypełniony *zazdrością* zdobycia wszystkiego, co posiadają inni". [3]

Dlatego też kiedy już zrealizowaliśmy potrzeby pożywienia, schronienia oraz wszystkie inne niezbędne dla naszego przetrwania, nasza zazdrość stale zmusza nas do pragnienia czegoś więcej: większego domu, silniejszych/zdrowszych/piękniejszych dzieci, większej ilości ziemi... lista jest tak długa, jak lista ludzkich pragnień. W tym względzie Aszlag cytuje 1500-letni tekst Midrasza: „Ten, kto ma sto, pragnie mieć dwieście, zatem potrzeby nieustannie się mnożą, aż człowiek chce pochłonąć wszystko, co istnieje na całym świecie". [4]

Rzeczywiście, pojawienie się Homo sapiens oznaczało to, co wydaje się być ważnym przesunięciem w kierunku ewolucji. Homo sapiens, jak się wydaje, nie skupiał się na rozwijaniu silniejszego, bardziej zwinnego, dostosowanego do warunków otoczenia ciała, lecz na rozwoju swego intelektu, a co jest jeszcze bardziej zaskakujące - na autoekspresji. Dzisiaj, jak Twenge i Campbell wskazali w wyżej wymienionym opracowaniu *Epidemia narcyzmu,* przerodziło się to w epidemię postawy roszczeniowej. Widzimy zatem, w jaki sposób Homo sapiens stanowi ziemskie odzwierciedlenie Etapu Cztery w rozwoju pragnienia otrzymywania - pragnienia stania się wszechmocnym oraz wszechwiedzącym.

Początek ego

Słowa Aszlaga cytowane powyżej stanowią punkt zwrotny nie tylko w historii ewolucji człowieka, ale także w ewolucji całego wszechświata. Ta (wyjątkowo ludzka) ewolucja poprzez zazdrość przesunęła kierunek samej ewolucji. Do czasu pojawienia się ludzkiego ego stworzenia rozwijały się z powodzeniem, jeśli ich narządy wewnętrzne współpracowały ze sobą zgodnie z zasadą rezygnacji z własnego interesu na rzecz interesów całego systemu, pozostawiając systemowi dbanie o ich dobrobyt.

Jednak ważnym jest pamiętać, iż zasada rezygnacji z własnego interesu na rzecz interesu systemu nie odnosi się jedynie do narządów i tkanek w jednym stworzeniu. Organizmy nie istnieją w próżni, są gałęziami, jak mówiliśmy w poprzednim rozdziale, pochodzącymi od korzeni, które pojawiły się w sferze duchowej. Z tego powodu działają w ten sam sposób, w jaki funkcjonują systemy duchowe - poświęcając własną korzyść na rzecz systemu nadrzędnego, lub zwięźlej mówiąc, działają altruistycznie. Ich system nadrzędny - ekosystem, w którym żyją organizmy - przestrzegają tej samej zasady, ponieważ żadna inna reguła nie pozwala przetrwać formom życia.

Z tego powodu zasada poświęcania interesu własnego, o której mówimy na kartach całej tej książki, dotyczy w sposób tak samo rygorystyczny funkcjonowania stworzenia w jego otoczeniu. Zatem jeśli budowa ciała danej istoty sprawdza się w określonych warunkach środowiskowych, kiedy warunki te ulegną zmianie, konstrukcja tego stworzenia może stać się niewystarczająca, a nawet gorsza niż w przypadku stworzeń z mniej trwałą strukturą wewnętrzną, natomiast z lepszymi zdolnościami adaptacyjnymi do swoich środowisk.

Widocznie było tak w przypadku wyginięcia dinozaurów. Przez 165 milionów lat dinozaury rządziły ziemią, ale około 65 milionów lat temu zniknęły w stosunkowo krótkim czasie. Teorie co do przyczyny ich zniknięcia są liczne, ale żadna ostateczna odpowiedź na to pytanie nie została udzielona.

Jedną z możliwości rozwiązania tej zagadki jest teoria meteorytu. Według organizacji US Geological Survey (USGS) „Istnieją obecnie powszechne dowody, iż uderzenie meteorytu było co najmniej częściową przyczyną tego wyginięcia". [5] Ale podczas gdy nie ma naukowego konsensusu w kwestii uderzenia meteorytu, istnieje jednak przekonanie, iż, jak w publkacji

Muzeum Paleontologii Uniwersytetu Kalifornijskiego: „Miały miejsce *globalne zmiany klimatyczne*; środowisko zmieniło się z ciepłego i o łagodnym przebiegu w erze mezozoicznej [era dinozaurów] na chłodniejsze, bardziej zróżnicowane w erze kenozoicznej [era ssaków]". [6]

Tak więc czy był to meteoryt, czy też coś innego zmieniło klimat, musiała mieć miejsce nagła zmiana w środowisku, do którego dinozaury (i około pięćdziesiąt procent gatunków żyjących na ziemi w tamtym czasie) nie były w stanie się przystosować, co oznaczało ich wymarcie.

Aby przetrwać, dinozaury i prawie wszystkie inne zwierzęta musiały przestrzegać takiego samego prawa w kwestii ich środowiska, jakie obowiązywało ich organy wewnętrzne: zrzeczenie się własnego interesu na rzecz dobrobytu całego systemu w zamian za opiekę systemu nad nimi. Kiedy reguła ta jest naruszana w całym ekosystemie, nawet jeśli nieświadomie ze strony zwierząt, wtedy następuje wyginięcie na kolosalną skalę po prostu dlatego, iż nie dość szybko się one przystosowały.

Bardziej współczesny i znacznie bardziej udany przykład przystosowania się zwierząt do zmieniających się warunków został przytoczony przez Swanne Gordon z Uniwersytetu Kalifornijskiego w eseju zatytułowanym „Ewolucja może nastąpić w okresie krótszym niż dziesięć lat", opublikowanym w *Science Daily*. „Gordon i jej koledzy badali gupiki - małe ryby słodkowodne (zdjęcie 4), które obserwowali przez dłuższy okres czasu. Wpuścili gupiki do pobliskiej rzeki Damier na odcinku powyżej wodospadu, gdzie nie było drapieżników. Gupiki i ich kolejne pokolenia skolonizowały także dolną część strumienia, poniżej bariery wodospadu, w której występowały ich naturalne drapieżniki. Osiem lat później naukowcy odkryli, iż gupiki w środowisku o niskiej liczbie drapieżników dostosowały się do nowego środowiska, produkując większe i mniej liczne potomstwo w każdym cyklu rozrodczym. Żadnego takiego dostosowania nie zaobserwowano u gupików, które skolonizowały środowisko o wysokiej liczbie drapieżników. „W środowisku przebywania drapieżników samice inwestują więcej energii w bieżącą reprodukcję z powodu wysokiego wskaźnika śmiertelności, powodowanego przez drapieżniki, ponieważ te samice mogą już nie dostać kolejnej szansy na reprodukcje", wyjaśniała Gordon. „Samice ze środowiska o niskiej liczbie drapieżników z drugiej strony wytwarzają większe embriony, ponieważ większe dzieci mają większe szanse w środowiskach o ograniczonych zasobach, typowych dla obszarów z niskim poziomem drapieżników. Ponadto samice w środowisku o niskim zagrożeniu produkują mniej zarodków nie tylko dlatego, iż mają większe zarodki, ale także dlatego, iż inwestują mniej energii w bieżącą reprodukcję". [7]

Zdj. 4: Gupik trynidadzki, gatunek użyty do eksperymentu w rzece Damier (zdjęcia: Foto bank Lori)

W niektórych przypadkach, kiedy jest to wymagane w celu zwiększenia szans na przeżycie, organizmy (w tym przypadku wirus) może nawet sam spowodować „cofnięcie rozwoju". Tak było z wirusem śluzaka i europejskimi królikami w Australii (zdj. 5). Około 150 lat temu dwa tuziny królików zostało wypuszczonych na wolność w Australii w nadziei, iż będą się rozmnażać w stopniu, wystarczającym dla sportowego polowania. Jednakże króliki rozmnażały się tak skutecznie, że w ciągu kilku dziesięcioleci zagroziło to zakłóceniem równowagi przyrody na całym kontynencie australijskim. Wendy Zukerman, reporterka pracująca dla *New Scientist Magazine*, opublikowała szczegółowy opis całego odcinka programu na kanale ABC Science. W swoim raporcie ona pisze: „Przed końcem lat dwudziestych ubiegłego wieku populacja królika australijskiego wzrosła do 10 miliardów". [8]

Zdj. 5: Europejski królik w Australii (zdjęcie: Fotobank Lori)

Władze Australii dokonały kilku energicznych prób stłumienia populacji królików, ale nie były one skuteczne aż do roku 1950. W tym właśnie roku, wyjaśnia Zukerman, „Biologiczny środek kontroli - wirus śluzaka, został wprowadzony na obszar Australii kontynentalnej". [9] W rezultacie tego działania „myksomatoza [choroba spowodowana przez ten wirus] spowodowała olbrzymie zmniejszenie populacji królików. Na niektórych obszarach wyginęło aż 99 procent populacji królików". [10]

Niemniej zamiast doszczętnego wyginięcia europejskich królików w Australii stwierdzono, że ich populacja stopniowo ustabilizowała się, a nawet nieco zwiększyła na niektórych obszarach. Oczywistym jest, iż wirus stał się mniej skuteczny. Kiedy naukowcy przyjrzeli się przyczynie zmniejszonego wpływu wirusa, odkryli, iż uległ mutacji do *łagodniejszej* formy, która zabijała tylko 40 procent zakażonych królików. Tak więc, jak wnioskowali naukowcy, ponieważ nosicielem wirusa były tylko króliki, zmutował się on do typu mniej agresywnego, co gwarantowało przetrwanie królików, a w rezultacie także przetrwanie wirusa.

Osłabiając samego siebie, wirus pozornie zadziałał przeciw własnemu interesowi, dając systemowi odpornościowemu królików większą szansę na walkę z nim. Ale rzeczywistym rezultatem jego własnego osłabienia była pewność, iż będzie miał nosiciela, w którym będą mogły istnieć jego przyszłe pokolenia. Rzeczywiście, aż do dnia dzisiejszego myksomatoza jest odpowiedzialna za wiele zgonów wśród królików, ale nie na tyle dużo, aby całkowicie je wytępić. Wydaje się, że króliki i wirus osiągnęły stan równowagi, a zatem stan współistnienia.

Człowiek - jedyny wyjątek

W poprzednim rozdziale zobaczyliśmy, w jaki sposób zasada rezygnacji z własnego interesu na rzecz dobrobytu systemu w zamian za opiekę ze strony tego systemu odnosi się nie tylko do wszystkich organizmów, ale także do funkcjonowania organizmu w jego środowisku (ekosystemie). Istnieje niemniej jeden wyjątek od tej reguły, a mianowicie człowiek. Aby zrozumieć, dlaczego człowiek różni się od wszystkich innych zwierząt, musimy jeszcze raz zastanowić się nad czterema etapami rozwoju. Etapy Jeden do Trzy odzwierciedlają pragnienia otrzymywania przyjemności od dającego poprzez czerpanie przyjemności bezpośrednio od niego lub poprzez oddawanie tej przyjemności. Jednakże Etap Cztery jest zasadniczo inny: odzwierciedla pragnienie *bycia* dającym.

Mówiąc inaczej, Etap Cztery pragnie osiągnąć cel, który jest z definicji nieosiągalny. Tak jak syn nie może być swoim ojcem, Etap Cztery nie może być Etapem Zero. Ale tak jak syn może stać się *podobnym do swojego* ojca, Etap Cztery może być takim jak Etap Zero.

Będąc pragnieniem otrzymywania oraz wiedząc, iż bycie podobnym do Etapu Zero, Korzenia, to najwyższa możliwa nagroda, Etap Cztery pragnie to osiągnąć. W konsekwencji my – jego cielesna realizacja, dążymy do tego, aby osiągnąć to samo. Podświadomie nasze pragnienia sławy, władzy, bogactwa, erudycji i nieśmiertelności są w rzeczywistości pragnieniami, aby stać się boskimi. Żaden człowiek nie może uciec przed tymi pragnieniami, ponieważ wszyscy jesteśmy częściami Etapu Cztery, który uległ rozbiciu wraz z duszą Adama. Jedyna różnica pomiędzy poszczególnymi ludźmi zawiera się w intensywności i proporcji tych pragnień, ale nie w samych ich komponentach.

Najwyraźniej istnieją tacy ludzie, których pragnienia sławy, fortuny i blasku są bardzo małe – są to prości ludzie zadowoleni z posiadania schronienia, rodziny i bardzo podstawowego pożywienia. W takich ludziach pragnienia czwartego etapu są mniej dominujące, stąd też będą oni posiadali mniej ambitne cele. Ale nawet w najbardziej spokojnym osobniku tkwi „diabeł", który chce trochę więcej, niż posiada jego sąsiad. Są to pragnienia Etapu Cztery – poczucie roszczeniowe, o których pisali Twenge i Campbell - a są one niemalże wyłącznie cechą człowieka.

Pragnienia te również czynią z nas wyjątek od zasady, która zarządzała ewolucją aż do pojawienia się Homo sapiens. Ponieważ ludzie posiadają wrodzone dążenie do upodobnienia się do Stwórcy, mamy tendencję do bycia bardzo aktywnymi w naszym podejściu do wyzwań, zamiast biernie dostosowywać się do warunków, jak czynią to inne zwierzęta. Stąd też zamiast dostosowywania naszych ciał najlepiej jak potrafimy do zmieniających się warunków klimatycznych lub zagrożeń, staramy się zmienić klimat lub wyeliminować wszelkie zagrożenia.

Jednym z takich działań, mających na celu zmianę naszego „osobistego mikroklimatu", naszego najbliższego otoczenia, było pokrywanie naszych skór futrem zwierząt, które to zapewniały lepszą ochronę przed żywiołami niż nasza własna skóra. Zamiast polegania na naszej (wyraźnie niewystarczającej) sile fizycznej, aby zdobyć żywność, opracowaliśmy coraz bardziej wyrafinowane narzędzia, które pomagały nam w polowaniu, a także w zabezpieczaniu się przed zwierzętami drapieżnymi. Obecnie istnieją jednoznaczne dowody na to, że ssaki naczelne, inne ssaki, a nawet niektóre ptaki korzystają z narzędzi, takich jak kamienie i gałązki, które pomagają im w zdobywaniu żywności oraz w walce. Niemniej systematyczna produkcja broni i narzędzi, np. wytwarzanie dzid z kamienia i kości, jest unikalną umiejętnością człowieka (zdjęcie 6).

Zdj. 6: Ręczne toporki z Kent (Anglia), wykonane w okresie niższego paleolitu (Epoka kamienna) 2.5 mln - 200 tysięcy lat temu.

Innym bardzo ważnym odkryciem, jakiego dokonali pierwotni ludzie (Homo erectus), było opanowanie ognia. Ogień pozwolił ludziom na utrzymywanie ich siedlisk w cieple, odstraszanie zwierząt drapieżnych, a nawet gotowanie. Odkrycie sposobów kontrolowania ognia oznaczało dramatyczną zmianę w samej ewolucji. Człowiek był teraz zwierzęciem, które mogło zmieniać swoje otoczenie, aby dopasować je do swoich potrzeb zamiast zmieniać się w celu dopasowania się do swojego otoczenia.

Według dokumentu zatytułowanego „Wielka epoka lodowa" wydanego przez US Geological Survey „Wielka epoka lodowa... zaczęła się około miliona lub więcej lat temu". [11] Rozległe pokrywy lodowe umożliwiły ludziom migrację z Afryki i stopniowe rozprzestrzenienie się po całym świecie. Mając ogień i odzież, mogli utrzymać się w klimacie mniej gościnnym i tym samym stali się najbardziej elastycznym i wszechobecnym ssakiem na ziemi.

Ciało kontra umysł

Głębszym i bardziej ważnym aspektem zmiany w ewolucji reprezentowanym przez pojawienie się człowieka jest to, że w przeciwieństwie do innych zwierząt, które rozwijają swoje ciała, ludzie rozwijają swoje *umysły*. Aby poradzić sobie z niebezpieczeństwem lub w celu uzyskania pożywienia, zwierzęta starają się prześcignąć lub przechytrzyć swoich napastników lub potencjalne ofiary.

Ludzie zamiast tego konstruują broń. Aby poradzić sobie z zimnem, u zwierząt pojawia się gruba sierść i warstwy podskórnego tłuszczu, ludzie natomiast rozpalają ogień.

Korzystanie z intelektu, a nie z ciała, w celu uzyskania pożądanych rzeczy także umożliwia ludziom *planowanie*. Podczas gdy niektóre zwierzęta gromadzą żywność na zimę, tylko ludzie *produkują* żywność i usuwają niechcianą roślinność z ziemi, aby zrobić miejsce dla tych roślin, które służą im jako pokarm. Według większości badaczy rolnictwo miało swój początek w okresie między 10 000 a 15 000 lat temu na obszarze Żyznego Półksiężyca (choć nowe dane zebrane przez zespół, kierowany przez dr. Robina Allaby z Uniwersytetu Warwick, bazują na dowodach, że rolnictwo roślinne zaczęło się w Syrii już 23 000 lat temu). [12]

Chociaż zdolność człowieka do produkowania żywności może wydawać się dzisiaj niczym szczególnym, kiedy ludzie po raz pierwszy zaczęli uprawiać ziemię, w pewnym sensie stali się stwórcami - zaczęli zmieniać swoje otoczenie. Jest to wyczyn, jakiego może dokonać jedynie pragnienie Etapu Cztery.

Jednakże wraz z postępem przychodzą problemy. Wszystkie stworzenia, z wyjątkiem człowieka, muszą stosować się do zasad ich ekosystemu albo zginą. Człowiek jest jedynym organizmem, który może zaplanować i przeprowadzać zmiany w swoim otoczeniu według swojej woli. Kiedy tak się dzieje, człowiek musi nauczyć się zasad, według których działają ekosystemy, inaczej zmiany te mogą okazać się zgubne dla całego ekosystemu, a w konsekwencji dla jego mieszkańców - z człowiekiem włącznie.

W rozdziale 4 zostało powiedziane, iż w ludzkim organizmie, tak jak w każdym innym organizmie, każda komórka posiada szczególną rolę. Ponadto, jak zostało to określone: „Aby przetrwał cały organizm, każda komórka musi wykonywać swoją funkcję... i musi przedkładać cel utrzymania życia całego systemu nadrzędnego ponad cel utrzymania jedynie swojego życia. Jeśli komórka zaczyna działać wbrew tej zasadzie, jej interesy wkrótce będą kolidować z interesami całego organizmu, a wtedy mechanizmy obronne organizmu... zniszczą ją".

Podobnie, kiedy człowiek stał się na tyle silny, aby zmieniać swój ekosystem, musiał nauczyć się zachowywać tak, jak komórki w organizmie - powstrzymywać się od zagrażania stabilności systemu oraz ryzyka sytuacji, kiedy system musi pozbyć się zagrożenia poprzez eliminację gatunku ludzkiego całkowicie lub autodestrukcję, zabijając ludzi w tym procesie, jak to opisano w odniesieniu do komórki nowotworowej. Obecnie, jak uważam, jest dość oczywiste, iż natura już „podejmuje pewne środki kompensacyjne", aby zrównoważyć szkodliwe działania ludzi.

Jednak około dziesięciu tysięcy lat temu rzeczy miały się zupełnie inaczej niż obecnie. Homo sapiens dopiero zaczynał czerpać korzyści z wiedzy i technologii, a świadomość zagrożenia środowiska człowieka poprzez jego działania nie była wcale obecna. Rozwój rolnictwa zmienił tryb życia ludzi - od polowania i zbieractwa do bardziej osiadłego stylu życia, którego konsekwencją było przyspieszenie rozwoju technologicznego.

Inną ważną kwestią, która *była* obecna w umysłach ludzi w tamtym czasie (i nadal jest dla wielu), była religia. Prof. Jared Diamond, ceniony autor pracy *Guns, Germs, and Steel: The Fates of Human Societies* (Broń, zarazki i stal: Losy ludzkich społeczeństw) [13], powiedział podczas wykładu zatytułowanego „Ewolucja religii", wygłoszonego na Uniwersytecie Południowej Kalifornii [14], iż około dziesięć i pół tysiąca lat temu religia zmieniła swoje funkcje. Wyjaśnił, że religia przyjęła rolę wyjaśniania zjawisk. Religia zaczęła wyjaśniać to wszystko, co było nieznane, a zatem zapewniała ludziom pocieszenie i pewność.

Ale najważniejszym do zapamiętania w kwestii religii w tym miejscu jest nie tyle kierunek, w którym się rozwinęła, ale sam *fakt*, iż w ogóle się rozwinęła. Istnienie zinstytucjonalizowanego, zorganizowanego podmiotu, który dostarczał odpowiedzi, oznaczało, iż ludzie zaczynali zadawać pytania - głębokie pytania o cel życia i prawa w nim rządzące. Spowodowało to późniejsze pojawienie się Kabały dokładnie na tym samym obszarze – Żyznego Półksiężyca – o czym czytaliśmy w rozdziale 1.

Oprócz ewolucji religii postępy w rolnictwie zachęcały ludzi do porzucenia koczowniczego trybu życia na rzecz bardziej osiadłego, stąd też ludność na terenie Żyznego Półksiężyca zaczęła wyraźnie wzrastać. A kiedy postęp techniczny, taki jak wynalezienie koła, przyczynił się do dalszego rozwoju i urbanizacji, w ślad za nim pojawiły się bardziej zorganizowane formy rządów i religii. Tak więc Mezopotamia stawała się tym, co dziś nazywamy „kolebką cywilizacji".

[1]   (ibid.)
[2]   (ibid.)
[3]   (ibid.)
[4]   (ibid.)
[5]   United States Geological Survey (USGS), "Why did the dinosaurs die out?" (May 17, 2001), http://pubs.usgs.gov/gip/dinosaurs/die.html
[6]   University of California Museum of Paleontology, "What Killed The Dinosaurs?" (January 2009), http://www.ucmp.berkeley.edu/diapsids/extinctheory.html
[7]   "Evolution Can Occur in Less Than Ten Years," *Science Daily* (June 15, 2009), http://www.sciencedaily.com/releases/2009/06/090610185526.htm
[8]   Wendy Zukerman, Australia's battle with the bunny, *ABC Science* (April 08, 2009), http://www.abc.net.au/science/articles/2009/04/08/2538860.htm

[9]   (ibid.)

[10] (ibid.)

[11] Louis L. Ray, "The Great Ice Age," U.S. Geological Survey (September 27, 1999), http://pubs.usgs.gov/gip/ice_age/ice_age.pdf

[12] Robin Allaby, "Research pushes back history of crop development 10,000 years," University of Warwick (September 19, 2008), http://www2.warwick.ac.uk/newsandevents/pressreleases/research_pushes_back/

[13] Jared Diamond, *Guns, Germs, and Steel: The Fates of Human Societies* (NY: Norton & Company, 1997)

[14] Jared Diamond, "The Evolution of Religions" (Uploaded by RabidApe, May 26, 2009), http://www.youtube.com/watch?v=-GWXr7pXoCTs

Rozdział 6
W przeciwnych kierunkach

Jak wspomniano w rozdziale 1, Mezopotamia, kolebka cywilizacji, była również miejscem narodzin Abrahama - prekursora Kabały. Konflikt pomiędzy Abrahamem a Nimrodem, władcą Babilonu, oznacza coś znacznie więcej niż tylko konflikt pomiędzy władcą a nieposłusznym poddanym. Jest to konflikt *percepcji*. Dla Nimroda rzeczywistość jest „związkiem" sił, które musi on zadowalać, służyć im i uspokajać za pomocą ofiar. Dla Abrahama istnieje tylko jedna siła, a czczenie jej oznacza życie według jej prawa – prawa obdarzania (ujmując rzecz najprościej). Biorąc pod uwagę ten kontrast poglądów, nic dziwnego, iż Nimrod musiał albo zniszczyć Abrahama, albo zesłać go na wygnanie.

Niemniej odejście Abrahama z Babilonu nie uspokoiło sytuacji. Nurt, który skłonił Abrahama do poszukiwania tajemnicy życia, zwiększał na swej sile i rozprzestrzeniał się na obszarze tętniącego życiem miasta, podsycany przez te same siły, które napędzają proces ewolucji. Jednak w Babilonie nurt ten zaczął ujawniać zachowanie, które jest wyjątkowe dla człowieka, a mianowicie: egoizm.

Baal HaSulam wyjaśnia, że egoizm jest naturalną cechą ludzi. Oświadcza, iż jest on ludzką naturą, a Kabała oferuje sposób zamiany jego oczywistych szkodliwych konsekwencji na te pozytywne. W artykule „Pokój na świecie" pisze: „W prostych słowach można powiedzieć, że w naturze każdego człowieka leży wykorzystywanie wszystkich innych ludzi na świecie dla własnej korzyści. A wszystko, co jeden człowiek daje drugiemu, jest tylko z konieczności; i nawet wtedy ma miejsce wykorzystywanie innych do własnych celów, jednakże odbywa się to w sposób tak przebiegły, aby bliźni tego nie zauważył i chętnie się na to godził". [1]

Zanim jednak zagłębimy się w rozwiązanie, jakie oferuje Kabała wobec problemu ludzkiego egoizmu, musimy zrozumieć, w jaki sposób pragnienie otrzymywania, początkowo stworzone przez pragnienie obdarzania – Stwórcę, stało się egoistyczne. „Powodem tego", kontynuuje Aszlag, „jest to, iż... dusza człowieka [pragnienie] sięga korzeniami Stwórcy, który jest jedyny i niepowtarzalny. ...Stąd też także człowiek... ma przekonanie, iż wszyscy ludzie na świecie powinni być pod jego rządami" [2], tak jak cała natura jest zarządzana przez prawo obdarzania, Stwórcę.

Ponadto w przeciwieństwie do wszystkich innych elementów natury, które są zmuszone do zachowania zgodnego z otoczeniem, istoty ludzkie posiadają siłę do zmieniania swojego środowiska. Daje nam to coś, czego nie posiada żadne inne stworzenie: wolny wybór. Innymi słowy, ludzie mogą wybrać, aby stać się takimi jak Stwórca – dającymi, a także zdobyć władzę i wiedzę, jaka z tym idzie, albo też mogą pozostać takimi, jakimi się urodzili – egocentrycznymi i ograniczonymi.

Kiedy etapy pragnienia spadły kaskadowo z poziomu pragnienia obdarzania, pragnienie otrzymywania rozwijało się na każdym nowym etapie. W świecie fizycznym zmieniające się pragnienia także objawiają się różnymi stadiami rozwoju (rys. 9): W dolnej części piramidy znajdują się minerały i materia nieożywiona. Jest to poziom nieożywiony, który odpowiada Etapowi Jeden. Powyżej tego poziomu znajduje się flora, odpowiadająca Etapowi Dwa, ponad którą znajduje się poziom fauny – Etap Trzy, natomiast ponad nimi wszystkimi jest człowiek (poziom mówiący) – Etap Cztery.

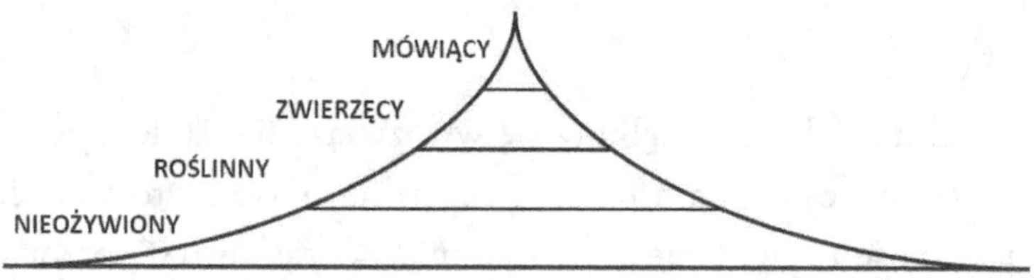

Rys. 9 : Piramida pragnień. Szczyt piramidy to jednocześnie część, która nią zarządza, a tym samym jest to element, posiadający wolny wybór w kwestii, jak to robić, i ponoszący odpowiedzialność za to, aby robić to właściwie.

Biorąc pod uwagę, iż wszystko, co istnieje, jest pragnieniem obdarzania i jego pochodną - pragnieniem otrzymywania, jest oczywistym, iż poziom mówiący (my), posiadający najbardziej intensywne, wyrafinowane i skomplikowane pragnienie otrzymywania, nie jest jedynie nieodłączną częścią całego stworzenia, ale jest także jej wierzchołkiem oraz zarządcą. I tak jak mózg kieruje całym organizmem, a jednocześnie jest całkowicie od niego zależny dla swojego przetrwania, tak i my musimy nauczyć się zarządzać i pielęgnować całą piramidę Stworzenia, jeśli chcemy przetrwać.

Piramida wewnątrz piramidy

Powodem, dla którego Abraham był jedynym ze swojego pokolenia, który odkrył twórczą siłę życia, jest to, iż był częścią Parcufa Adama, gotowym do jej ujawnienia. Jednak celem stworzenia nie jest to, aby tylko jeden człowiek osiągnął stan podobny do Stwórcy, ale ażeby cała ludzkość osiągnęła taki stan. Stąd też odkrycie Abrahama nie było sprawą jednorazową, ale wstępem do nowego etapu w duchowej ewolucji ludzkości.

Abraham zrozumiał, iż życie jest piramidą, której wierzchołkiem jest właściwość obdarzania. Zdał też sobie sprawę, że ludzkie pragnienia będą tylko rosnąć, jak miało to miejsce od zarania stworzenia. I wreszcie Abraham wiedział, że świadomość taka wraz z metodą naprawy, oferowaną przez Kabałę, były jedynymi środkami na uniknięcie upadku całego systemu z powodu wzrostu poziomu egoizmu. Jednak w obliczu braku namacalnego dowodu jedynie garstka ludzi poszła za Abrahamem i zjednoczyli się oni wokół celu osiągnięcia Stwórcy. Kiedy liczebność tych, którzy z nim poszli, wzrosła i stali się oni narodem, zostali wtedy nazwani stosownie do ich celu: *Israel* (Izrael), od hebrajskiego słowa *Jaszar El* (prosto do Boga).

Historycznie rzecz biorąc, Babel nie zawalił się natychmiast lub nawet niedługo po odejściu Abrahama. Nadal ze zmienną intensywnością dominował i wiódł prym przez ponad tysiąc lat po jego odejściu, włączając w ten okres przesiedlenia Hebrajczyków w Babel po ich wygnaniu, które nastąpiło po upadku Pierwszej Świątyni. Jednak z punktu widzenia duchowego, kabalistycznego, triumf Nimroda w Babel zapieczętował jego zgubę, ponieważ utrwalił zasadę egoizmu, a nie altruizmu.

Lek, którego nie było

Po prawdzie metoda Abrahama była bardzo prosta: w obliczu wzrostu egoizmu należy się zjednoczyć i tym samym odkryć właściwość obdarzania - Stwórcę. Jak pokazuje się tutaj w całej książce, każdy element w przyrodzie zachowuje się w ten właśnie sposób. Początkowe poziomy pragnienia otrzymywania wymagają bardzo ograniczonej organizacji i tworzą małe systemy, w których każdy element poświęca się dla systemu nadrzędnego. Nazywamy te elementarne systemy „atomami". Bardziej zaawansowane poziomy pragnienia umiejscawiają atomy w systemach, które nazywamy „cząsteczkami". W miarę jak pragnienie rozwija się, systemy te organizują się w jeszcze większe systemy zwane „komórkami". Te z kolei łączą się, tworząc wielokomórkowe organizmy, ostatecznie prowadząc do powstania roślin, zwierząt i ludzi.

W tym wszystkim istnieje tylko jedna zasada: pragnienie otrzymywania we wszystkich tych elementach chce otrzymać, a jedynym sposobem na stworzenie równowagi i stabilności w systemie jest połączenie w ramach systemu nadrzędnego. To właśnie metoda Abrahama starała się *świadomie* naśladować.

Jak już powiedzieliśmy, pragnienie otrzymywania u ludzi staje się egoizmem z powodu naszego poczucia wyjątkowości. Stąd też antidotum dla egoizmu jest dokładnie takie samo, jak 'lek' stosowany przez naturę - zbudowanie systemu, którego wszystkie części się jemu poświęcą, rezygnując ze swojego interesu własnego. W zamian za to system zagwarantuje im dobrobyt i trwałość jego elementów. Obecnie naukowcy starają się odkryć warunki, które istniały we wczesnym wszechświecie, poprzez odtworzenie tych warunków w miniaturowej skali w konstrukcjach, takich jak Zderzacz Hadronów (CERN) w Szwajcarii. W ten sam sposób, naśladując „naturalne" zachowanie przyrody, odkryjemy jej prawo obdarzania.

W rzeczywistości *modus operandi* jest naprawdę bardzo prosty: jeśli myśli się tak jak dający i działa niczym dający, musimy przynajmniej rozważyć możliwość tego, iż posiadamy odrobinę cechy obdarzania w swojej naturze, parafrazując sławny cytat Douglasa Adamsa z jego dzieła *Dirk Gently's Holistic Detective Agency*. [3]

Jednak Natura nie daje nam instynktów, aby ją naśladować, jak ma to miejsce z resztą jej elementów. Ponieważ mamy być władcami pozostałych elementów, naszym zadaniem jest *badanie* tych zasad samodzielnie, a następnie wdrażanie ich. To dlatego, kiedy Nimrod wydalił Abrahama, jedynego człowieka, który mógłby nauczać Babilończyków tych reguł, jednocześnie uniemożliwił on swoim ludziom poznanie metody osiągnięcia jedności - jedyne antidotum dla rosnącego egoizmu i wyobcowania wśród ludzi.

Po odejściu Abrahama Babel kontynuował wychwalanie egocentrycznej postawy wobec życia. Ale chociaż przyjemność i radość nie są sprzeczne z zamysłem stworzenia - jak wiemy to z Etapu Trzy oraz Jeden, które otrzymywały przyjemność od Stwórcy - otrzymanie przyjemności nie jest ani ostatecznym celem, ani też największą radością. Największą radością człowieka i jego ostatecznym celem jest stać się podobnym do Stwórcy, a negacja tego celu ze strony Babilończyków była tym, co ich ostatecznie zniszczyło. W czasie, kiedy Izrael przeradzał się w naród, jak to opisano w rozdziale 1, Babel doświadczał gwałtownych wstrząsów, w miarę jak intensyfikował się niepohamowany egoizm jego mieszkańców. Jego ostateczny rozpad w czwartym wieku p.n.e. okazał się długim, jednak nieuniknionym procesem.

Niemniej Babel był dopiero pierwszym etapem w budowaniu najwyższego poziomu w piramidzie pragnień – poziomu mówiącego. Podobnie jak w przypadku wszystkich innych elementów w stworzeniu, ostatni poziom piramidy składa się z korzenia i czterech etapów rozwijających się pragnień. Abraham jest uważany za Etap Korzenia, stąd też jego przydomek - *Awraham Awinu* (Abraham, nasz patriarcha) w odniesieniu do niego jako protoplasty narodu, który starał się osiągnąć Stwórcę. Później, jak wiemy, stał się on znany jako ojciec wszystkich trzech abrahamowych wyznań, monoteistycznych religii: judaizmu, chrześcijaństwa oraz islamu.

W trakcie jak pragnienia wciąż rozwijały się u ludzi, nowy poziom pragnienia w piramidzie pojawił się na szczycie Poziomu Korzenia mniej więcej w czasie, kiedy Egipt był u szczytu swojego rozwoju. Poziom ten odzwierciedla Etap Jeden i podobnie, jak Etap Korzenia miał swojego prekursora - Abrahama, Etap Jeden miał własnego pioniera - Mojżesza. I tak jak Abraham został zmuszony przez Nimroda do opuszczenia Babel, Mojżesz musiał uciekać przed faraonem i opuścić Egipt, jak opisano w Pięcioksięgu: „Lecz Mojżesz uciekł sprzed oblicza faraona i zamieszkał w ziemi Midian" (Wj 2:15). Aby zrozumieć znaczenie misji Mojżesza, musimy zrozumieć ideę, która początkowo wydaje się być z tym faktem niezwiązana - ideę wolnego wyboru według nauki Kabały.

Wolny wybór

Jak już wspomniano, ewolucja ludzkości odpowiada Etapowi Cztery w ewolucji pragnień. Na tym etapie pragnienie otrzymywania uświadamia sobie, że za wszystkim, co się wydarza, stoi myśl, cel, który narzuca dany ciąg zmian. W naszym życiu przekłada się to na dążenie dziecka, aby nie tylko naśladować działania swoich rodziców, ale też poznać to, co wiedzą rodzice.

Aby osiągnąć myśl Stwórcy, Etap Cztery potrzebuje wolności myśli i wolności woli, żeby móc rozwijać swoje postrzeganie w sposób niezależny. Podobnie, jeśli nauczymy dziecko myślenia i patrzenia na świat poprzez wąską perspektywę, stanie się ono bardzo lojalnym żołnierzem, ale prawdopodobnie nie zostanie wybitnym strategiem czy też generałem. To także jest powodem, dla którego dzieci, zwłaszcza we wczesnym dzieciństwie, zanim przyzwyczaimy je do lenistwa, pragną robić rzeczy samodzielnie, zamiast pozwalać rodzicom, aby wykonywali coś za nich.

Zatem potrzeba swobodnego wyboru wymaga naszej nieświadomości prawa, dzięki któremu wszystkie istoty osiągają stan równowagi oraz stabilności poprzez zrzeczenie się własnego interesu na rzecz systemu nadrzędnego, a wszystko po to, abyśmy mogli odkryć to sami dla siebie. Gdybyśmy wiedzieli, iż jest to działające prawo i że jest tak niezmienne, jak prawo grawitacji, wtedy nie odważylibyśmy się jemu przeciwstawić. A jeśli nie mielibyśmy innego wyboru, jak tylko się do niej ślepo stosować, chcielibyśmy w najlepszym razie stać się posłusznymi dziećmi, ale wtedy pozostalibyśmy dziećmi, na zawsze gorsi od pragnienia obdarzania, które stworzyło to prawo.

Aby dorównać Stwórcy, musimy nauczyć się sami „budować" stworzenie, każdy element wewnątrz niego, poznać powód jego istnienia, jak i kiedy pojawiło się, a także czy oraz kiedy przeminie. W celu dowiedzenia się tego ewolucja stworzyła doskonałą infrastrukturę dla naszej nauki, a mianowicie zbudowała wszechświat, w którym każdy element przestrzega zasady zrzeczenia się własnego interesu na rzecz interesów całego systemu. Dodatkowo ewolucja odmówiła nam znajomości tego prawa i dała nam nawet siłę do działania przeciwnie do tej zasady zależnie od naszego wyboru. A najważniejszym jest to, że ewolucja nie ujawniła nam żadnej nagrody za przestrzeganie tego prawa.

Komórki w organizmie identyfikują się z życiem ich systemu nadrzędnego, a nie z ich własnym. Gdyby tak nie było, nie byłyby w stanie działać na korzyść systemu i stałyby się złośliwe lub nawet uniemożliwiłyby w ogóle powstanie nowego życia. Identyfikacja taka jest tak daleko idąca, iż komórki są nawet gotowe, aby zakończyć swoje życie, po to by wspierać rozwój całego organizmu w procesie znanym jako „apoptoza" lub „zaprogramowana śmierć komórki" (PCD). U zarodków na przykład kształt ich stóp jest zależny od apoptozy, która ostateczne wprowadza wyodrębnienie palców, kiedy to komórki pomiędzy palcami są celowo uśmiercane przez system nadrzędny.

W zamian za utożsamianie się z systemem komórki są „nagradzane" otrzymaniem percepcji świata organizmu nadrzędnego, a nie ich własnego. Oznacza to, że komórki zachowują się tak, jakby były wyposażone we wrodzoną percepcje całego organizmu, którego są częściami. Gdyby nie funkcjonowały one w ten sposób, wtedy instynktownie starałyby się walczyć z sąsiednimi komórkami o składniki odżywcze i tlen, jak robią to stworzenia jednokomórkowe. W przypadku wystąpienia takiego nieprawidłowego działania komórek w obrębie organizmu może to doprowadzić do pojawienia się nowotworu.

Gdybyśmy, podobnie jak komórki w organizmie, mogli utożsamić się z naszym systemem nadrzędnym, planetą Ziemia, a nawet więcej – z siłami, które zbudowały i podtrzymują życie Ziemi, uzyskalibyśmy możliwie najszerszą percepcję i przekroczylibyśmy takie pojęcia, jak czas, przestrzeń, śmierć i życie. Nasza nowa percepcja pokazałaby, iż jesteśmy częścią znacznie większego systemu niż nasze najbliższe otoczenie, podobnie jak komórki są częścią całego wielkiego organizmu. W takim stanie moglibyśmy myśleć i działać jak Stwórca – pragnienie obdarzania. A osiągnąwszy to, zrealizowalibyśmy jednocześnie cel Stworzenia – stanie się takim jak Stwórca.

Jednakże jeśli moglibyśmy zobaczyć, iż zrzekając się własnego interesu, jesteśmy nagradzani byciem takimi jak Stwórca, wtedy robilibyśmy to w celu uzyskania przyjemności bez celu obdarzania, a bez takiego celu pozostalibyśmy egocentryczni, odlegli od Stwórcy. Aby osiągnąć stan podobny do Stwórcy, musimy zdecydować się na niego *z własnej woli*, bez bycia wabionymi w jakikolwiek sposób w stronę altruizmu. Ponieważ, jak już wyjaśniono w kwestii czterech etapów, cel obdarzania jest tym, co czyni nas podobnymi do Stwórcy, pragnienie otrzymywania nie może odczuć, iż otrzyma jakąkolwiek przyjemność lub korzyść z obdarzania, aby nie stworzyło sobie egoistycznej motywacji do działania.

Kiedy to zrozumiemy, także zobaczymy, jak ważnym dla nas jest ograniczenie przyjemności przez Etap Cztery. Jeśli Etap Cztery nie odrzuciłby jej, poddalibyśmy się przyjemności niczym małe dziecko, które cieszy dobroć jego rodziców w stosunku do niego, a wtedy nie bylibyśmy w stanie stać się podobnymi do Stwórcy. Zamiast tego bylibyśmy całkowicie ogarnięci przyjemnością, tak jak ćmy są wabione światłem lampy w ciemną noc.

W obliczu zmieniających się pragnień – jednoczmy się

Wcześniej mówiliśmy, że kiedy pragnienia rozwijają się w naturze, tworzą coraz bardziej złożone struktury. Każdy nowy poziom wznosi się do wyższego stopnia pragnienia otrzymywania, kiedy stworzenia aktualnego poziomu łączą się, tworząc zespół współpracowników. Czyniąc tak, stworzenia bieżącego (i aktualnie najwyższego) poziomu tworzą system, dla którego mogą zrzec się interesu własnego, a który zapewnia im przetrwanie i przestrzeganie prawa obdarzania Natury. Kiedy podobna rzecz dzieje się u ludzi, także rozpoczynamy od najmniejszej struktury - jednej osoby - i wypracowujemy sobie drogę w kierunku coraz bardziej złożonych struktur społecznych.

Jedyna różnica polega na tym, że musimy stworzyć takie struktury społeczne, które same przestrzegają prawa obdarzania.

Rodzina Abrahama była właściwie pierwszą grupą, która stworzyła taki system, a następnie wprzęgła swoich członków w system, którego części zjednoczyły się dzięki poświęceniu się dla ich systemu nadrzędnego. Jak mówi Majmonides (Rozdział 1), ten początkowy system rozrósł się do rozmiarów dużej grupy. Jednakże dopiero w Egipcie, kiedy ich liczba była wystarczająca - system ten wzniósł się do poziomu narodu. Kiedy Mojżesz wyprowadził Izrael z Egiptu, rodzina składająca się z siedemdziesięciu członków, która wcześniej weszła do Egiptu, teraz składała się z kilku milionów (istnieje wiele opinii na temat tego, ile dokładnie ludzi wyszło z Egiptu, ale najczęściej pojawiają się liczby pomiędzy 2 a 6 milionów mężczyzn, kobiet oraz dzieci, z wyłączeniem ludności mieszanej).

Oczywiście, zadanie Mojżesza było znacznie trudniejsze niż praca Abrahama. Nie mógł on zebrać całego narodu w swoim namiocie, jak robił to Abraham wraz ze swoją rodziną i kilkoma uczniami, kiedy uczył ich praw życia. Zamiast tego dał im to, co nazywamy *pięcioma księgami Mojżesza*, a co znane jest w języku hebrajskim jako Tora, która oznacza zarówno „Prawo" (obdarzania), jak i „Światło". W swoich księgach Mojżesz zamieścił opisy wszystkich stanów, których człowiek doświadcza na drodze do stania się podobnym do Stwórcy.

Pierwszą częścią drogi do naśladowania Stwórcy było opuszczenie Egiptu, zapuszczenie się na pustynię Synaj oraz stanięcie u podnóża góry Synaj. Według starożytnych źródeł nazwa „Synaj" pochodzi od hebrajskiego słowa *Sinaa* (nienawiść). [4]

Innymi słowy, Mojżesz zebrał ludzi u podnóża góry Synaj – góry nienawiści.

Można zinterpretować tę alegorię góry nienawiści w ten sposób, iż nauki Mojżesza pokazały ludziom, jak nienawistni byli wobec siebie nawzajem i jak bardzo odlegli byli od prawa obdarzania. Aby ponownie połączyć się z prawem obdarzania lub Stwórcą, musieli się zjednoczyć, jak opisał to jedenasto-wieczny komentator i kabalista Raszi: „Jak jeden człowiek z jednym sercem". [5]

Baal HaSulam szczegółowo opisuje ten proces w swoim eseju: „Wzajemne poręczenie" [6], w którym wyjaśnia, iż w zamian za obietnicę dbania o siebie nawzajem ludzie Mojżesza otrzymali Torę. Osiągnęli oni prawo obdarzania i otrzymali Światło, altru-istyczną naturę Stwórcy. Według słów Baal HaSulama „Kiedy już cały naród jednogłośnie zgodził się na to i powiedział: 'Zrobimy i usłyszymy'... dopiero wtedy stał się godnym otrzymania Tory, ale nie wcześniej". [7]

Widzimy teraz, jak ważną była misja Mojżesza i dlaczego wolny wybór jest warunkiem koniecznym do osiągnięcia celu. Przywódcy grupy Abrahama byli jedną rodziną i dlatego miało miejsce naturalne zjednoczenie, ale Mojżesz musiał zjednoczyć cały *naród*. Aby to osiągnąć, cały naród musiał zgodzić się na podążanie wybraną drogą. Poprzez dokonanie wolnego wyboru zjednoczenia mimo ewidentnego egoizmu (alegorycznie opisa-nego jako „stojącego u podnóża góry Sinaj") naród został dopusz-czony do wykonywania prawa obdarzania. Po raz pierwszy w historii ludzkości ludzie masowo osiągnęli właściwość Stwórcy i od tego momentu wybór jedności w obliczu rosnącego egoizmu będzie jedyną drogą, aby osiągnąć Stwórcę.

Inna droga

Mędrcy Talmudu pisali: „Ten, kto ma sto, pragnie dwustu". [8] Od zarania Kabały jej praktycy stwierdzali, iż nasze pragnienia stale się rozwijają. Rosną zarówno w skali intensywności, jak i jakości, co oznacza nie tylko to, ile czegoś chcemy, ale także to, *co w ogóle* chcemy otrzymać. Ostatecznie pragnienia te rozwijają się do poziomu największego pragnienia - aby być takim jak Stwórca.

Niemniej kabaliści również twierdzili, iż mamy wolny wybór co do kwestii, w jaki sposób dochodzimy do największego pragnienia, które przynosi również największą przyjemność. Mówili oni, że istnieją dwa sposoby, aby ten cel osiągnąć:

1. Idziemy za przykładem Mojżesza i jednoczymy się. Dokonujemy tego poprzez badanie, jak funkcjonuje Natura na jej najbardziej podstawowych poziomach; w jaki sposób my, będący gałęziami prawa Natury, działamy, a następnie staramy się funkcjonować tak jak Natura, w jedności, niczym dziecko naśladujące swoich rodziców.
2. Ignorujemy dostępne informacje i próbujemy odkryć sekret dobrego i trwałego życia samodzielnie. Można to porównać do dziecka siedzącego za kierownicą samochodu, jednak jest zbyt małe, aby zobaczyć cokolwiek przez przednią szybę. Naturalnie, doprowadzi to do wielu wypadków z ich przerażającymi konsekwencjami.

Kabaliści nazwali ten pierwszy, oświecony sposób „Drogą Światła", natomiast ten drugi - „Drogą cierpienia". [9]

Rozwój pragnień ma miejsce niezależnie od naszych wyborów. Kiedy nie towarzyszy temu wysiłek, aby się zjednoczyć i wybrać ścieżkę Światła w celu odkrycia prawa obdarzania, nie ma wtedy nic, co regulowałoby rosnące pragnienie i przekierowywało go na konstruktywne tory. Rezultatem tego jest zawsze zwiększony i niekontrolowany egoizm. Towarzyszy temu zwykle dezintegracja i porażka, jak miało to miejsce w Babilonie i Egipcie.

Rzeczywiście, historia narodu izraelskiego jest najlepszym przykładem powyższego stwierdzenia. Dopóki szli oni za naukami Abrahama, odnosili sukcesy, a kiedy tego nie robili, zostali pokonani i wygnani.

Około 1900 lat temu pojawił się nowy poziom pragnienia otrzymywania. Wymagało to odnowionego wysiłku i ponownego wyboru kierunku zjednoczenia. Jednak Izraelici nie byli gotowi, aby podjąć taki wysiłek. Zamiast tego spadli do poziomu głębokiej nienawiść i egoizmu. Talmud Babiloński napisany około piątego wieku naszej ery wyjaśnia, iż jedynym powodem klęski Izraela i upadku Świątyni była ich bezpodstawna nienawiść. [10]

Od tego upadku świat miał tylko jedną drogę do pokonania - drogę cierpienia. Droga Światła była znana nielicznym osobom w pokoleniach, które przyszły później, a co kilka dziesięcioleci próbowali oni ostrożnie ją ujawniać. Jednakże widząc, iż ludzie nie byli jeszcze gotowi do kontemplacji prawd, jakie ścieżka ta ujawniała na temat rzeczywistości, trzymali swą wiedzę dla siebie i dla tych rzadkich oddanych uczniów, którzy poszukiwali prawdy za wszelką cenę.

Jednakże, jak zobaczymy w kolejnym rozdziale, lata nieświadomości Kabały nie poszły na marne. Dały nam ogrom wiedzy i niezliczone obserwacje przyrody jako całości, a natury ludzkiej w szczególności. Bez tych wszystkich lat ponowna akceptacja nauk, jakie niesie ze sobą Kabała, nie byłaby w ogóle możliwa.

[1]   Ashlag, "Peace in the World," in *Kabbalah for the Student*, 89
[2]   (ibid.)
[3]   Douglas Adams, *Dirk Gently's Holistic Detective Agency* (NY: Pocket Books, 1987), 270
[4]   *Midrash Rabbah, Shemot* 2:4
[5]   RASHI commentary on exodus 19:2
[6]   Ashlag, *The Arvut* (The Mutual Guarantee), in *Kabbalah for the Student*, 251
[7]   (ibid.)
[8]   *Midrash Rabbah, Kohelet*, 1:13
[9]   Ashlag, *Kabbalah for the Student*, 54
[10] Babylonian Talmud, *Masechet* [Tractate] *Yoma* p 9b

Rozdział 7
Wielkie wymieszanie

Pierwsze stulecia naszej ery były burzliwym okresem w historii Europy oraz Bliskiego i Środkowego Wschodu. Rzymianie podbili znaczną część Europy, Afryki Północnej i Bliskiego Wschodu (w tym to, co jest obecnie uważane za Środkowy Wschód). Co więcej, Judea została zdobyta (przez Rzym), następnie zbuntowała się, poniosła klęskę, a Żydzi zostali z niej wygnani. Chrześcijaństwo wchodziło na światową scenę, Brytania została podbita przez cesarza Tyberiusza Klaudiusza. Jak zobaczymy w tym rozdziale, wygnanie Żydów, a w konsekwencji ich rozproszenie się po całej Europie jest ściśle związane z ewolucją pragnień.

Podczas tych pierwszych stuleci formował się nowy, inny świat. Po wygnaniu Żydzi rozprzestrzenili się na Bliskim Wschodzie oraz w Europie, a chrześcijaństwo stopniowo nabierało znaczenia, stając się oficjalną religią Imperium

Rzymskiego, kiedy to cesarz Konstantyn Wielki przyjął tę religię w IV wieku n.e.

Kiedy ogłoszono islam w VII wieku n.e., stworzyło to sytuację, gdzie większość ludzi w Europie oraz na Bliskim i Środkowym Wschodzie przynależała do jednego z trzech wyznań abrahamowych. Obecnie może się to nie wydawać niczym niezwykłym, lecz w tamtych czasach taka zmiana w kwestii wiary była istną rewolucją, spowodowaną przez pojawienie się kolejnego etapu w ewolucji pragnień – Etapu Dwa.

Etap Dwa – pojawienie się pragnienia obdarzania wewnątrz pragnienia otrzymywania – zapoczątkował krzyżowanie się dwóch ścieżek – tej, którą podążał Izrael, z tą, po której szły wszystkie inne narody. Po raz pierwszy od momentu, kiedy Abraham opuścił Babel i utworzył grupę, której celem było *Jaszar El* (prosto do Boga), a która przekształciła się w naród Izraela, jego przesłanie – Miłuj bliźniego swego jak siebie samego – było słyszalne na skalę masową. Ponieważ Etap Dwa – pragnienie obdarzania – zaczął się ujawniać, przesłanie współczucia i obdarzania mogło teraz być słyszalne, chociaż oczywiście nie było wykonywane tak dobrze, jak tego uczono.

Rozdział niniejszy skupi się na zbadaniu procesów 'podskórnych', które rozegrały się pomiędzy napisaniem *Księgi Zohar* (zwanej też w skrócie *Zohar*) w II wieku n.e. a dziełem *Drzewo Życia*, które powstało w wieku XVI. Daty te mniej więcej (chociaż w dużym przybliżeniu) odpowiadają okresowi od rzymskiego podboju Judei do początku renesansu albo tego, co obecnie nazywamy „średniowieczem". Podobnie jak w przypadku pozostałej części tej książki, celem rozdziału nie jest skupienie się na konkretnych wydarzeniach, lecz przedstawienie obrazu historycznego, niejako „z lotu ptaka", demonstrując, w jaki sposób procesy te odpowiadają ewolucji pragnień. W przypadku ram czasowych, o których wyżej wspomniano, prawdopodobnie najlepiej jest zacząć od rzymskiego podboju i upadku Drugiej Świątyni.

Rozproszenie Judei

Klęska powstania żydowskiego przeciw Rzymianom (66-73 n.e.) spowodowała upadek Drugiej Świątyni i rozproszenie Judei. (Pierwsza Świątynia została zbudowana przez króla Salomona w X wieku p.n.e. i została zniszczona przez Babilończyków w 586 p.n.e.). Rozproszenie to oznaczało coś znacznie ważniejszego niż sam podbój jednego narodu przez drugi. Odzwierciedlało ono stopień duchowego upadku narodu izraelskiego. Hebrajskie słowo *Jechudi* (Żyd) pochodzi od słowa *ichud* („zjednoczony" lub „jedyny") odnoszące się do stanu narodu izraelskiego – postrzegania (i przestrzegania) jedynej siły obdarzania, która zarządza całym życiem.

Jednakże, jak wyjaśniono w poprzednich rozdziałach, pragnienie otrzymywania to siła, stale rozwijająca się i wymagająca ciągłej adaptacji. Nieustanny wysiłek jest koniecznością, aby zaangażować nowopowstające pragnienia do pracy w jedności – z zamiarem obdarzania i przestrzegania prawa, porzucając interes własny na rzecz interesu systemu nadrzędnego. A ponieważ pragnienia stale się rozwijają, sposoby, aby je należycie wykorzystać, także muszą się odpowiednio zmieniać.

Jak wyjaśniono w poprzednim rozdziale, w przeciwieństwie do zwierząt ludzie muszą stale uzmysławiać sobie swoje miejsce w Naturze i *decydować się* być jej konstruktywnymi częściami. Jednakże jeśli będziemy działać w sposób przeciwny, negatywny, wynik naszego postępowania nie uwidoczni się od razu. Pozostawia nam pewne pole manewru i czas do zastanowienia.

Jednocześnie, jeśli zdecydujemy się działać w zgodzie z prawem Natury, nie będziemy od razu w stanie zauważyć pozytywnego rezultatu naszego zachowania. Zatem, ponieważ nagroda i kara nie są dostrzegalne natychmiast, jeśli zdecydujemy się robić tak mimo wszystko, będzie to tylko dlatego, iż chcemy poznać prawo Natury, prawo jedności i obdarzania, a nie dlatego, iż oczekujemy natychmiastowej nagrody. W ten sposób będziemy działać z *intencją, aby stać się dającymi,* a nie z powodu naszego wrodzonego *pragnienia otrzymywania.*

Niemniej jednak w okresie I wieku n.e. ewolucja pragnienia otrzymywania wywołała pojawienie się nowego poziomu. Do chwili pojawienia się tego poziomu Żydzi, którzy powrócili z wygnania w Babilonie – po upadku Pierwszej Świątyni – zachowywali swoją jedność oraz postrzeganie spójnego prawa życia.

W rzeczywistości tylko dwa z dwunastu pokoleń powróciło z niewoli babilońskiej, ponieważ poziom egoizmu także rósł wśród narodu Izraela, a większość plemion nie mogła się oprzeć skłonnościom egoistycznym. Skłonności te oddzieliły je od narodu izraelskiego, który składa się, jak wyjaśniono, z ludzi żyjących zgodnie z prawem jedności, a nie z osobników, którzy są jedynie genetycznie związani ze sobą. Ale kiedy Etap Dwa w ewolucji pragnienia zaczął ujawniać się w Izraelu, nawet ci, którzy wrócili z Babilonu, nie byli w stanie utrzymać poziomu ich altruizmu. Zamiast tego padli ofiarą swoich egocentrycznych pragnień.

Talmud Babiloński wyjaśnia, że jedynym powodem klęski Izraela i upadku Drugiej Świątyni była bezpodstawna nienawiść: „Dlaczego została zniszczona Druga Świątynia, chociaż angażowali się oni w Torę i *Micwot* [duchową naukę] oraz w dobre uczynki? Stało się tak, ponieważ była w tym bezpodstawna nienawiść". [1] W przypadku braku jedności, a także jako że wielu Żydów chciało naśladować lub nawet przyłączyć się do kultury rzymskiej, rewolta żydowska była skazana na niepowodzenie od samego początku.

Mimo to nawet po rewolcie wielu z narodu Izraela zachowało swoją spójną percepcję rzeczywistości. Rabin Akiwa na przykład, którego talmudyczny epitet brzmiał: „Głowa wszystkich mędrców", żył i nauczał w latach po upadku Świątyni. Według Talmudu Babilońskiego rabin Akiwa miał 24 000 uczniów, ale oni też zginęli (według Talmudu), ponieważ nie byli zjednoczeni. [2]

Spośród 24 000 uczniów jedynie czterech przeżyło. A z tych czterech dwóch zostało największymi mędrcami swojego pokolenia, a może nawet w całej historii. Pierwszym z nich był rabin Jehuda znany jako Jehuda HaNasi (przewodniczący), który został przewodniczącym Sanhedrynu oraz naczelnym redaktorem Miszny – korpusu, będącego fundamentem, na którym zbudowane są obie części Talmudu. Drugim z tych uczniów był Rabin Szymon bar Jochaj (Raszbi), który stał się znany jako autor *Księgi Zohar* [*Księga Blasku*] – przełomowej księgi Kabały, którą studiują wszyscy kabaliści do dnia dzisiejszego i z której wszyscy oni czerpią swoją mądrość.

Poprzez wieki zawsze istnieli mędrcy, którzy utrzymywali tę mądrość żywą i w stanie ciągłego rozwoju. Rozumieli naturę pragnienia otrzymywania i tworzyli teksty interpretujące *Zohar*, a także inne księgi Kabały. Jednak w większości przypadków ich księgi napisane z kabalistyczno-altruistycznej percepcji rzeczywistości zostały źle zrozumiane przez wszystkich, z wyjątkiem ich braci kabalistów, ponieważ zostały odczytane za pomocą kodu egoistycznej percepcji. Nie pozwoliło to czytelnikom na uchwycenie prawdziwego znaczenia tekstów. W taki sam mniej więcej sposób człowiek, który jest ślepy od urodzenia, nie może zrozumieć znaczenia wzroku, a jeszcze mniej radości, która pochodzi z obserwacji pięknego krajobrazu lub też urzekającego widoku brzegu oceanu w czasie sztormu.

Tak więc ze względu na obniżenie się percepcji duchowej (altruizmu) pośród Izraela marzenie Abrahama nauczenia całego świata tego jednolitego prawa istnienia musiało zostać przełożone na później, do momentu, aż ludzie będą ponownie gotowi, aby uczyć się o tym prawie. *Zohar* został ukryty wkrótce po jego zakończeniu i pozostawał w ukryciu przez ponad tysiąc lat. Kabaliści także okryli tę mądrość woalem tajemnicy i niezrozumienia oraz oświadczyli, iż tylko ci, którzy spełniają ściśle określone warunki, mogą zostać dopuszczeni do jej studiowania. Ponieważ wiedzieli, że większość ludzi była zbyt odległa od duchowej percepcji, aby prawidłowo zrozumieć pojęcia Kabały, kabaliści rozpraszali umysły ludzi opowieściami o cudach i zaklęciach, a także wyznaczali ograniczenia, takie jak: wiek, płeć i stan cywilny w celu zniechęcenia potencjalnych uczniów od 'próbowania' Kabały.

Rzeczywiście, nieporozumienia w kwestii Kabały były tak głęboko zakorzenione, że nawet po ponownym pojawieniu się *Księgi Zohar* (zdj. 7) w XIII-wiecznej Hiszpanii, będącej w posiadaniu rabina Mosze de León, księga ta była często niezrozumiana i uważana za tekst zbyt zawiły do momentu, aż tacy kabaliści, jak Eliasz ben Salomon Zalman (GRA), rabin Izaak Safrin i inni, zaproponowali bardziej precyzyjne jej interpretacje. Mimo to dopiero w latach czterdziestych ubiegłego wieku, kiedy Jehuda Aszlag (Baal HaSulam) przedstawił swój pełny komentarz *Sulam* (Drabina) do *Księgi Zohar* - z czterema wyjaśniającymi wprowadzeniami - to głębokie dzieło mogło być właściwie zbadane, a przez to zrozumiane.

Zdj. 7: Strona tytułowa *Księgi Zohar* wydanej w roku 1558 w Mantui we Włoszech. Tekst zaczyna się słowami: „Księga Zohar o Torze, autorstwa boskiego mędrca Rabina Szymona bar Jochaj..."

Jednak we wczesnych latach po upadku Świątyni świat kroczył zupełnie inną drogą. Rzymianie stanowili imperium w rejonie Morza Śródziemnego, Bliskiego Wschodu i Europy, a ich (głównie grecka) kultura i filozofia panowała nad zdobytymi obszarami. Hellenistyczne postrzeganie świata nie zgadzało się z tym, reprezentowanym przez rebeliantów z ziemi Izraela. Co więcej, większość Żydów nie zgadzała się już z zasadami swoich przodków, które porzucili na rzecz skupionej na ego hellenistycznej grecko-rzymskiej kultury.

Skoro o tym mowa, kilku znanych uczonych renesansu uważało, iż Grecy rzeczywiście zaadaptowali przynajmniej część swoich idei z Kabały. Johannes Reuchlin (1455-1522) na przykład, wielki humanista i doradca polityczny Kanclerza, napisał w swoim dziele *De Arte Cabbalistica* (*O sztuce Kabały*): „*Niemniej jednak jego* [Pitagorasa] *prymat nie wziął się od Greków, ale znowu od Żydów. Jako ‚ten, który otrzymał', może być całkiem słusznie nazwany kabalistą. ...On sam był pierwszym, który zmienił nazwę Kabała – nieznaną Grekom, na greckie pojęcie - filozofia*". [3]

Poprzednik Reuchlina, Giovanni Pico della Mirandola (1463-1494), włoski uczony i platoński filozof, pisał w swoim *De hominis dignitate Oratio* (*Mowa o godności człowieka*): „Ta prawdziwa interpretacja prawa, które zostało objawione Mojżeszowi w boskiej tradycji, nazywa się ‚Kabała'". [4]

Jednak zasada, której Grecy *nie* przyjęli, była najważniejsza ze wszystkich: intencja porzucenia egocentryzmu na rzecz skupienia się na systemie, *aby stać się takim jak Stwórca*. Druga część powyższego stwierdzenia, mówiąca o przeniesieniu uwagi, jest powodem, dla którego mądrość Kabały w ogóle się pojawiła.

Gdyby Grecy zaadoptowali tę ideę, historia potoczyłaby się inną drogą.

Jednakże nie było to winą Greków, iż nie przyjęli tej zasady. Nie wiedzieli o niej, jako że nie było pośród nich nauczycieli Kabały, a więc nikogo, kto mógłby ich właściwie edukować. Ponadto, po wzmocnieniu swojego ego sami Żydzi przyjmowali grecko-rzymski styl życia, a ci, którzy tego nie robili, stawali się najbardziej zaciekłymi wrogami Rzymian w Judei. W konsekwencji nie było nikogo, kto mógłby pokazać Rzymianom, iż brakuje im czegoś, co mogłoby mieć dla nich olbrzymią wartość. I tak Rzymianie podtrzymywali kulturę hellenistyczną aż do czasu, kiedy cesarz Konstantyn Wielki przyjął chrześcijaństwo w IV wieku n.e.

Przyjęcie kultury hellenistycznej przez Żydów nie było przypadkowe. Ustanowienie Pierwszej Świątyni oznaczało najwyższy punkt duchowy (postrzeganie prawa obdarzania) w historii narodu izraelskiego. Od tamtego czasu miał już jedynie miejsce proces stopniowego upadku duchowego. Ewolucja pragnień miała bezpośredni wpływ na Żydów, jak i na wszystkie inne narody. W rezultacie tego wielu Żydów nie było w stanie utrzymać swojej duchowej, altruistycznej percepcji jednolitej siły Natury i zwróciło się ku bardziej egocentrycznym kulturom, które były spójne z ich aktualną egoistyczną percepcją świata.

Zatem podbój babiloński i późniejsze wygnanie Hebrajczyków w czasie Pierwszej Świątyni były jedynie przejawem ich stanu duchowego w owym czasie. A z powodu obniżającego się poziomu duchowego Hebrajczyków w czasie babilońskiej niewoli tylko dwa z dwunastu plemion, które udały się na wygnanie: plemię Judy i Beniamina, zdecydowały się na powrót. Dziesięć plemion, które pozostały na wygnaniu, wymieszało się tak gruntownie z tubylcami, iż zupełnie zapomniały o swoich zasadach, a ich ślady nie zostały odnalezione do dnia dzisiejszego.

Jednak ewolucja pragnień nie zatrzymała się w tamtym momencie. Plemiona Judy i Beniamina także stopniowo podupadały, a zupełne rozproszenie Żydów było już tylko kwestią czasu. Rzeczywiście, utrata przez Żydów duchowego postrzegania była długim procesem, który trwał wieki, ale którego kierunek został już ustalony. Kiedy Rzymianie podbili Izrael i ostatecznie zniszczyli Drugą Świątynię, Izrael był już narodem, którego większość nie chciała być wierna duchowemu (kabalistycznemu) myśleniu i zamiast tego preferowała idee hellenistyczne. W konsekwencji tego również oni zostali wygnani i ulegli rozproszeniu. Podczas gdy wielu Żydów pozostało w ziemi Izraela nawet po podboju rzymskim, gdzie stworzyli jedne z najbardziej znaczących tekstów judaizmu, Żydzi jako naród rozprzestrzeniał się już na obszarze Imperium Rzymskiego, a następnie całej Europy.

W pracy *Wojna żydowska*, rozdział 1, przetłumaczonej przez Williama Whistona, Józef Flawiusz opisuje wydalenie Żydów przez Rzymian: „A kiedy sobie przypomniał, iż dwunasty legion poddał się Żydom pod rozkazami Cestiusa - ich generała, wypędził ich z całej Syrii, gdyż wcześniej zatrzymali się oni pod Rafaneą, i odesłał ich do miejsca zwanego Meletine, w sąsiedztwie Eufratu, które to znajduje się w granicach Armenii i Kapadocji". [5]

W trzecim rozdziale tej samej księgi Flawiusz wyjaśnia: „Jako że naród żydowski jest rozproszony po całej zamieszkałej ziemi pośród jej mieszkańców, tak też jest bardzo powiązany z

Syrią ze względu na swoje sąsiedztwo, a największe tłumy były w Antiochii w związku z ogromem miasta, gdzie królowie zapewnili im mieszkanie w niezakłóconym spokoju". [6]

Tak więc Żydzi stopniowo migrowali po całej Europie i po większości obszaru dzisiejszego Bliskiego Wschodu. W rezultacie historia Żydów i historia Europy stały się ze sobą ściśle powiązane.

Wiek ukrycia

Średniowiecze to bardzo osobliwy okres w historii świata. Poglądy na temat tego, kiedy się ono zaczęło oraz kiedy skończyło, są różne, ale wydaje się to być odpowiednio pomiędzy drugim a piątym wiekiem oraz piętnastym a osiemnastym – w zależności od zakresu pola zainteresowania badacza. Niektórzy uważają upadek Zachodniego Cesarstwa Rzymskiego jako jego początek, natomiast upadek Wschodniego Cesarstwa Rzymskiego jako jego koniec. Jeszcze inni określają początek średniowiecza jako czas, kiedy cesarz Konstantyn Wielki zwołał Pierwszy Sobór Nicejski w 325 n.e., a jego koniec jako czas, kiedy Martin Luter został ekskomunikowany (1521) i powstał Kościół Ewangelicki.

Kabała nie definiuje żadnego wieku jako „środkowy", ale rzeczywiście traktuje okres od napisania *Księgi Zohar* do stworzenia *Drzewa Życia* jako odrębny etap w ewolucji ludzkości. W pewnym sensie określenie „Wieki ciemne" byłoby bardziej odpowiednie dla opisania tego czasu w historii, ponieważ jest to mniej więcej okres, w którym kabaliści ukryli swoją wiedzę i uczynili z niej przedmiot tajnego nauczania znany tylko niewielu.

W okresie tym oraz zgodnie z zasadą naszej analizy z „lotu ptaka" tego rozdziału, będziemy odnosić się bardziej do *procesów*, które nastąpiły pomiędzy napisaniem tych ksiąg, aniżeli do konkretnych wydarzeń tamtego czasu. Powinno to nam ułatwić dostrzeżenie, w jaki sposób pragnienia, które na poziomie ludzkim wydają się bardziej być ambicjami, sterują procesami tworzącymi historię ludzkości.

W Kabale okres pomiędzy napisaniem *Księgi Zohar* oraz stworzeniem *Drzewa Życia* odgrywa kluczową rolę. Bez niego cel stworzenia nie zostałby osiągnięty. Powtórzmy w jednym zdaniu, iż celem stworzenia jest to, aby każdy człowiek poznał Stwórcę i stał się Jemu podobny. Grupa Abrahama była pierwszą, która to osiągnęła. Jednak celem Abrahama nie było osiągnięcie tego tylko przez jedną grupę, ale przez każdego człowieka na świecie. Mojżesz pomógł sprawie Abrahama, rozszerzając osiągniecie grupy do osiągnięcia całego narodu.

Chociaż osiągnięcie Mojżesza jest naprawdę niezmiernie ważne, jest jeszcze długa droga, zanim zostanie osiągnięty ostateczny cel. Po to, aby cała ludzkość osiągnęła Stwórcę - prawo obdarzania - wszyscy muszą chcieć, aby tak się stało. A w tym celu wszyscy ludzie muszą odczuć, iż: a) droga egoizmu jest niewłaściwa oraz b) nie ma innego sposobu, aby ujawnić wcześniej odkryte prawo Natury i nauczyć się je stosować.

Podczas drugiego etapu ewolucji pragnień prawo to rozwijało się w fascynujący sposób. Izrael z jednej strony spada ze swojego stanu altruistycznego i wpada w egoizm. Reszta narodów z drugiej strony odkrywa prawo obdarzania – miłowania bliźniego swego jak siebie samego, które staje się dogmatem wszystkich wyznań abrahamowych. Chociaż żadna z religii w rzeczywistości nie przestrzega tego prawa, sam fakt, iż uczyniono z niego centrum wiary, oznacza, iż ludzie stają się świadomi jego wagi. W tym właśnie ludzie *de facto* uznają ideę Abrahama - miłości do innych, jako lekarstwo na bolączki całej ludzkości. Od tego momentu losy Izraela i wszystkich narodów świata będą na zawsze ze sobą splecione.

Jak wyjaśniono wcześniej, procesy, które rozwijają się w duchowych korzeniach, ujawniają się także w swoich fizycznych odgałęzieniach. Z tego powodu, ponieważ pragnienie obdarzania zostało wymieszane z pragnieniem otrzymywania na poziomie duchowym, fizycznym przejawem tego procesu było przemieszanie się narodu Izraela z narodami świata.

Nie znaczy to wcale, iż Żydzi rozprzestrzeniali ideę miłości oraz jedności Abrahama wśród swoich nowych sąsiadów. Żydzi nie zdecydowali się na emigrację, aby móc rozprzestrzeniać metodę Abrahama, ani też narody, które przyjęły ich do siebie, nie uczyniły tego, ponieważ chciały usłyszeć, a tym bardziej przyjąć tę metodę. Jednak ponieważ proces parytetu pragnień pomiędzy Izraelem a narodami był już w toku na poziomie duchowym, ujawniło się to także w świecie fizycznym.

Tak więc pod koniec schyłku średniowiecza przemieszanie pragnień osiągnęło taki etap, iż na poziomie fizycznym przejawiło się w trzech religiach, których wyznawcy nie twierdzili, iż są altruistami, jednakże cytowali głęboko altruistyczną zasadę jako jeden ze swoich dogmatów: „Kochaj bliźniego swego jak siebie samego". Co więcej, religie te - chrześcijaństwo, islam, judaizm, nie tylko powoływały się na to prawo jako dogmat, ale również ogłosiły Abrahama swoim duchowym patriarchą, stąd też ich określenie: „wyznania abrahamowe".

W rozdziale czwartym wspomnieliśmy o tokijskiej prezentacji biologa ewolucyjnego Elisabet Sahtouris, dotyczącej interesu własnego oraz współpracy, gdzie powiedziano, iż każda cząsteczka, każda komórka, każdy organ i całe ciało posiada interes własny. A kiedy każdy poziom demonstruje swój własny interes, zmusza to do negocjacji między poziomami, która prowadzi cały system do osiągnięcia harmonii. Rzeczywiście, nawet jeśli jesteśmy nieświadomi ostatecznego celu istnienia, podświadomie wszyscy czujemy, iż harmonia i wzajemna troska to jedyne sposoby stworzenia zrównoważonego gatunku ludzkiego. Wszyscy posiadamy cztery etapy pragnienia wewnątrz nas, ponieważ wszyscy jesteśmy w końcu odgałęzieniami tych czterech etapów.

Stąd też Etap Dwa - panujący etap pragnienia w średniowieczu - nakazuje, aby wszystkie trzy religie abrahamowe przyjęły przykazanie: „Kochaj bliźniego swego jak siebie samego" (Kpł 19, 18) jako dogmat. Tak więc chociaż „negocjacje" (żeby użyć terminu Sahtouris dla określenia relacji) między ludźmi i narodami w średniowieczu często były dalekie od tego, co moglibyśmy uznać za harmonijne, wynik końcowy był pewnego rodzaju konsolidacją Europy w odniesieniu do religii, której podstawowym (zadeklarowanym) dogmatem jest *altruistyczne* przestrzeganie prawa zrzeczenia się własnego interesu, nawet jeśli jego realizacja była znacznie mniej bezinteresowna.

Wiemy już, że Etap Dwa w ewolucji wytycza pierwsze pojawienie się pragnienia obdarzania *wewnątrz* pragnienia otrzymywania. Rzeczywiście, przykazanie, aby kochać innych tak samo, jak kocha się samego siebie, jest w idealnej harmonii z Etapem Dwa. Jednak nasz wszechświat został stworzony, kiedy dusza Adama uległa rozbiciu, kiedy to jego „organy" stały się egocentryczne. W rezultacie tego prawo miłości innych pojawia się w naszym świecie jako przykazanie, gdzie musimy dołożyć wielu starań, aby je przestrzegać. Jeśli nasza natura byłaby prawdziwym obdarzaniem, nigdy nie potrzebowalibyśmy tego prawa, ponieważ w sposób *naturalny* chcielibyśmy obdarzać, tak jak obecnie kochamy otrzymywać.

Jednakże jeśli naszą naturą byłoby obdarzanie, nigdy nie stalibyśmy się równymi Stwórcy. Co najwyżej osiągnęlibyśmy podobieństwo pragnień do Stwórcy, ale pozbawieni bylibyśmy wszystkiego, co zyskujemy dzięki zmaganiu się z naszymi pragnieniami. Taka walka chociaż niezmiernie trudna, daje nam możliwość poczynienia unikalnych obserwacji. Porównując naszą własną naturę z naturą uniwersalną, uczymy się, na czym polega różnica pomiędzy dawaniem a otrzymywaniem, nabywamy wiedzę, iż może istnieć dawanie poprzez otrzymywanie, a także radość i spełnienie, które pochodzą od bycia w stanie kochać. Emocje te mogą pojawić się tylko wtedy, kiedy ktoś doświadczył *niezdolności* do kochania.

Ale ponad wszystkie te dary jest jeden największy, wyjątkowo ludzki dar: wolność wyboru. Różnica między dorosłym a młodzieńcem w naszym świecie zawiera się w pozwoleniu, zdolności oraz *wolności* do dokonywania własnych wyborów. W sferze duchowej jedynie ludzie mają taką zdolność, ponieważ tylko ludzie posiadają obie natury – otrzymującą i obdarzającą, zakładając, iż nabyli ją, dostosowując się do prawa poświęcania interesu własnego.

Kiedy już otrzymujemy naturę obdarzenia, możemy zrozumieć, dlaczego jest koniecznym, aby obie te natury istniały w nas, dlaczego musimy zacząć od właściwości otrzymywania, następnie nabyć właściwość obdarzania i umieścić tę drugą właściwość ponad pierwszą, a wszystko z naszej własnej wolnej woli. Tylko w taki sposób możemy naprawdę dostrzec funkcjonowanie Natury ze *wszystkimi* jej aspektami i subtelnościami. I tylko wtedy, gdy to wszystko dostrzeżemy, będziemy mogli *świadomie* żyć według prawa zrzeczenia się interesu własnego na rzecz interesu całej Natury, ponieważ osiągniemy wtedy *Zamysł Stworzenia*. A kiedy już osiągniemy tę myśl, staniemy się rzeczywiście podobni do Stwórcy.

Dotarcie wiary abrahamowej do serc milionów osób stworzyło pierwszy w dziejach świata most pomiędzy egocentrycznymi z natury ludźmi a prawem obdarzania. Po raz pierwszy w swojej historii ludzie poczuli, iż obdarzanie może przynieść im pewien zysk. Aczkolwiek jest to egocentryczny rodzaj altruizmu, w tamtym momencie i na tamtym etapie ewolucji pragnienia otrzymywania był to najbliższy altruizmowi krok, jaki ludzkość mogła poczynić.

Tak więc pomimo że eposy i prorocy różnią się w zależności od wiary, efekt końcowy jest taki, iż wszystkie trzy religie abrahamowe przypisują dużą wagę do Izraela, ponieważ każdy człowiek, którego dusza została dotknięta przez dogmat Abrahama „Kochaj bliźniego swego jak siebie samego", podświadomie dąży do tego stanu, jak ma to miejsce w duchowości.

Dzisiaj proces przemieszania jest tak zaawansowany, że tęsknota za duchowością istnieje praktycznie w każdym człowieku na świecie. Jak Baal HaSulam wyjaśnia w swoim eseju „Miłość do Stwórcy i miłość do człowieka" [108], jest to wynikiem celu stworzenia, że „wszystkie narody do niej popłyną" (Izajasza 2:2), co oznacza, że wszyscy ludzie osiągną stwórczą siłę życia. Aby do tego mogło dojść, wszystkie narody, wszystkie formy pragnienia na świecie muszą być sprzężone z pragnieniem obdarzania.

Magna Carta

Ponieważ pragnienie otrzymywania jest siłą nieustannie rozwijającą się, religie abrahamowe nie były jedynymi zjawiskami, które rozwinęły się w okresie średniowiecza. Szczególnie w okresie późnego średniowiecza coraz więcej ludzi zaczęło dążyć ku osobistej emancypacji oraz własnej ekspresji - w sztuce, erudycji, a także w niezależności ekonomicznej.

W 1088 roku pierwszy europejski uniwersytet został założony w Bolonii we Włoszech. Następnie w latach 1150 oraz 1229 kolejne uniwersytety pojawiły się w Paryżu, Oksfordzie, Cambridge, Salamance, Montpellier, Padwie, Neapolu i Tuluzie.

W prawie cywilnym także miał miejsce początek doniosłych zmian, które miały później zmienić oblicze społeczeństwa europejskiego. Magna Carta Libertatum wydana w 1215 roku, a następnie *Habeas corpus* po raz pierwszy w historii zapewniały ochronę poddanym, nawet tym zniewolonym (chociaż w ograniczonym zakresie), przed kaprysem dotychczas wszechwładnego króla. I chociaż zmiany te były początkowo stosowane jedynie w Anglii, stanowiły one podwaliny demokracji i Oświecenia w całej Europie.

Wynalazek klepsydry w XI wieku oraz kompasu około roku 1300 pozwolił na nawigację przez morza i oceany. Umożliwiło to Europejczykom odkrywanie świata i przyniesienie chrześcijaństwa do tak odległych kontynentów, jak Ameryka i Afryka, a tym samym rozprzestrzenienie dogmatów abrahamowych do jeszcze większej liczby krajów.

Dalszą pomocą w szerzeniu wiedzy oraz idei okazał się rewolucyjny wynalazek prasy drukarskiej Gutenberga w połowie XV wieku. Chociaż dopiero w XIX wieku umiejętność czytania była w miarę powszechna, kiedy cena papieru stała się bardziej przystępna, względna łatwość druku książek pomogła rozprzestrzenianiu wiedzy oraz idei w całej Europie. W rezultacie tego idee renesansu, który rozpoczął się w XIV wieku we Włoszech, mogły krążyć dużo szybciej, co przygotowało grunt pod nową epokę. I chociaż ludność była wtedy jeszcze pod rządami samowolnych feudałów, umysły i serca wielu ludzi zaczęły się mieszać ze sobą i reagować na siebie wzajemnie w ewidentny, niemal namacalny sposób.

W swojej „Przedmowie do nauki Kabały" [7] Baal HaSulam opisuje, w jaki sposób na swoim końcu każdy etap przygotowuje się do początku kolejnego. W taki sam sposób rozwój i zmiany w późnym średniowieczu zaznaczyły koniec epoki, jak również początek następnej - renesansu. A ponieważ, jak wyjaśnia Kabała, wydarzenia w naszym świecie są wywoływane przez ewolucję pragnienia otrzymywania, wydarzenia te pokazały, iż świat był już gotowy na następny etap ewolucji pragnienia – Etap Trzy, którego początek jest naznaczony kolejnym nowatorskim dziełem kabalistycznym - *Drzewo Życia*.

[1]   Babylonian Talmud, *Yoma*, p 9b
[2]   Babylonian Talmud, *Masechet* [Tractate] *Yevamot*, 62b
[3]   Johannes Reuchlin, *De Arte Cabbalistica* (Hagenau, Germany: Tomas Anshelm, March, 1517), 126

[4]	Giovanni Pico della Mirandola, *De Hominis Dignitate Oratio* (*Oration on the Dignity of Man*) (Italy: Feltrinelli, 2000), 148

[5]	William Whiston, *The Works of Flavius Josephus* (UK: Armstrong and Plaskitt AND Plaskitt & Co., 1835), 564

[6]	Whiston, *The Works of Flavius Josephus*, 565

[7]	Yehuda Ashlag, "The Love of the Creator and the Love of Man," in *Kitvey Baal HaSulam* (*The Writings of Baal HaSulam*) (Israel: Ashlag Research Institute, 2009), 486

Rozdział 8
Renesans i czasy późniejsze

Przed każdym nowym etapem w ewolucji pragnień pojawia się odpowiedni prekursor tego etapu. Na początku był Abraham; był on Korzeniem. Następnie pojawił się Mojżesz, reprezentujący Etap Jeden, po którym nadszedł rabin Szymon bar Jochai (Raszbi) odpowiadający Etapowi Dwa. Natomiast w tym momencie nadszedł czas na omówienie Etapu Trzy.

Pojawienie się trzeciego etapu w ewolucji pragnień z grubsza odpowiada nadejściu renesansu w Europie. Jego zwiastunem był największy kabalista od czasów Raszbiego: Izaak Luria (Ari) - założyciel Kabały luriańskiej, najbardziej systematycznej i uporządkowanej szkoły Kabały. Obecnie stanowi główną metodę nauczania, a to dzięki komentarzom Baal HaSulama, który zinterpretował pisma i dostosował je do mentalności akademickiej XX i XXI wieku.

Mimo swojego krótkiego życia Ari (1534-1572) stworzył liczne teksty z pomocą swojego głównego ucznia, Rawa Chaima Witala. Ari nie pisał swoich tekstów samodzielnie. Zamiast tego zwykł mówić, a Chaim Wital spisywał jego słowa. Po przedwczesnym odejściu ARI Wital wraz z kilkoma krewnymi zebrał słowa Ari w spójne teksty. Z tego powodu wielu uczonych przypisywało dzieła Ari Chaimowi Witalowi, a nie jego nauczycielowi. Chociaż Wital był pisarzem, jednak źródłem informacji był bezsprzecznie sam Ari.

W rozdziale drugim opisaliśmy Etap Trzy jako „odwrócony" modus operandi, gdzie akt jest otrzymywaniem, ale jego intencją jest obdarzanie. Dotyczyło to pierwszych czterech etapów pragnienia. Jednak po rozbiciu duszy Adama dominująca intencja zbiorowej duszy - której wszyscy jesteśmy częściami - została odwrócona i powróciła ze stanu obdarzania do otrzymywania. A ponieważ wszyscy jesteśmy częściami duszy Adama, ukrytą intencją wszystkich ludzi jest także otrzymywanie. Oczywistym jest, że w sytuacji, kiedy każdy chce otrzymywać, a nikt nie chce dawać, dochodzi do stanu niestabilności.

Jednak wszystkie etapy pojawiają się w nas po to, abyśmy mogli je naprawić. Na każdym poziomie natury naprawa ta odbywa się w sposób naturalny, ponieważ jedynym sposobem, aby cokolwiek przetrwało - od minerałów przez rośliny do zwierząt - jest stan, w którym wszystkie elementy przyczyniają się do przetrwania danego tworu mineralnego, roślinnego czy też zwierzęcego. Jednakże w przypadku ludzi, jak to opisano w rozdziale

6, ten (jeden) zrównoważony stan musi zostać osiągnięty przez świadomość człowieka. Bez takiej świadomości podążamy tam, gdzie kierują nas nasze pragnienia, a na Etapie Trzy narzucają już nam złowrogi kierunek.

Rzeczywiście, w okresie od renesansu do początku XX wieku miały miejsce dwa procesy, które zasadniczo zmieniły życie ludzi. Jednym z nich był rozwój broni, takich jak karabiny i artyleria, a także intensyfikacja wypraw morskich kierowanych przez nieustraszonych odkrywców, którzy podbili nowe ziemie, a następnie wykorzystali ich rdzennych mieszkańców oraz zasoby naturalne.

Drugim z tych procesów było pojawienie się nowoczesnej nauki, ale przede wszystkim „odkrycie" i wychwalanie jednostki. Zmiana ta objawiła się w rozkwicie sztuki we wszystkich jej formach, a co najważniejsze, w dynamicznie rozwijających się ruchach, takich jak humanizm i Oświecenie. Karta Praw, Edykt nantejski oraz Manifest komunistyczny to tylko niektóre z dowodów licznych zmian, które stanowią podstawy tego, co dziś nazywamy „wolnym światem".

W kontekście tych głębokich przemian Kabała potrzebowała swojego własnego „reformatora". Na najgłębszym poziomie egzystencji zmiany te miały miejsce, ponieważ pojawił się nowy poziom pragnienia, a to z kolei wymagało, aby ktoś nadał „sens" tym zmianom. Taka właśnie była rola ARI: aby wprowadzić metodę naprawy do Etapu Trzy. Dlatego też metoda ARI jest najbardziej systematyczną i uporządkowaną w porównaniu do wszystkich metod poprzedników, dopasowującą się do naukowego, racjonalnego myślenia tamtego czasu.

Wielkie przebudzenie ludzkiego ducha

W grupie pierwszych czterech etapów pragnienia Etap Trzy jest wyjątkowy w tym sensie, iż jest to pierwszy raz, kiedy stworzenie samo coś inicjuje - „decyduje", aby otrzymać (chociaż odrobinę) z zamiarem obdarzania. Tak więc kiedy Etap Trzy pragnienia pojawił się u ludzkości, jednostki oraz całe społeczeństwa zaczęły wprowadzać zmiany w praktycznie każdej dziedzinie życia. Pojawiły się nowe idee, a także ponownie uwidoczniły się poprzednie, a wszystko to nieźle funkcjonowało pod skrzydłami renesansu. Religia, nauka, technologia, sztuka, gospodarka, polityka (wewnętrzna i zagraniczna), filozofia oraz każda inna dziedzina życia była analizowana i modyfikowana, jeśli nawet nie rewolucjonizowana.

Humanistyczne idee zawarte w Magna Carta i Habeas Corpus były przyjmowane w całej Europie i Stanach Zjednoczonych, chociaż były często arbitralnie odrzucane w obliczu interesów finansowych i politycznych, takich jak kolonializm i niewolnictwo. Angielska Karta Praw z 1689 roku czy też „Ustawa ustanawiająca prawa i wolność poddanego oraz regulująca sukcesję do Korony" jeszcze w większym stopniu promowały ideę, iż każdy człowiek ma prawo do pewnych podstawowych swobód, w tym wolności politycznej oraz wolności słowa. Mówiąc inaczej, Karta Praw umożliwiła wyrażanie wolności myśli!

Z perspektywy kabalistycznej zmiany te zaistniały dlatego, iż niedawno powstałe pragnienie Etapu Trzy wymagało aktywnego doznania przyjemności. Stąd też ludzie stali się wtedy bardziej aktywni w swoich poszukiwaniach lepszego życia i ich dążeniach do wyrażania samych siebie oraz samostanowienia jako jednostki. Aby zrealizować swoje marzenia, ludzie zaczęli rozwijać nowe technologie, uwalniać politykę z pęt feudalizmu oraz stworzyli podstawy dla nowoczesnej gospodarki.

W polityce światowej silniejsze i bogatsze kraje rozpoczęły gorączkowe poszukiwania nowych ziem w okresie, który jest obecnie znany jako „Epoka odkryć". Krzysztof Kolumb, Vasco da Gama, Ferdynand Magellan oraz Giovanni da Verrazano byli tylko nielicznymi z wielu pionierów, którzy odkryli nowe ziemie dla swoich krajów. Badacze ci nie tylko odkryli nowe ziemie i umieścili je na mapie, ale także otworzyli drogę dla nowych szlaków handlowych, chociaż w większości przypadków ten „handel" był tak naprawdę zniewoleniem rdzennej ludności i eksploatacją zasobów naturalnych. Niemniej wynikiem epoki odkryć był nowy światopogląd i uznanie wzajemnego istnienia przez odległe sobie cywilizacje.

Nowy światopogląd, jaki przyniósł ze sobą renesans, spowodował, iż Kościół katolicki został atakowany przez luteran, kalwinów, anglikanów oraz wszystkich tych, którzy chcieli zliberalizować chrześcijaństwo i dostosować je do swoich poglądów. Liberalizm i humanizm rozkwitały w duchu renesansu i starały się prawdziwie uwolnić myśl człowieka po raz pierwszy od złotego wieku filozofii greckiej. Rzeczywiście, w całej Europie wydawało się, iż duch ludzki został ponownie przebudzony.

Wsparciem dla nowego światopoglądu były rewolucyjne odkrycia Mikołaja Kopernika i Galileusza, iż Ziemia krąży wokół Słońca, a nie odwrotnie, jak sądzono do momentu dokonania odkrycia przez tych uczonych. Niemniej, kiedy Francis Bacon zapoczątkował to, co stało się „metodą naukową", która jest praktykowana do dzisiaj, można było bezpiecznie stwierdzić, iż „rewolucja naukowa" była w pełnym biegu. Instytucje promujące naukę, takie jak Królewskie Towarzystwo Rozwoju Wiedzy Naturalnej lub po prostu Towarzystwo Naukowe, wzmocniły wpływ nauki na wyobraźnię ludzi, podobnie jak ich serca zostały poruszone przez takich gigantów kultury, jak Leonardo da Vinci, William Szekspir czy Claudio Monteverdi.

Dziś ludzie często wskazują na wręcz wykładniczy wzrost tempa zmian w tamtym czasie. Prace, takie jak esej Kip P. Nygrena „Emerging Technologies and Exponential Change: Implications for Army Transformation" (Pojawiające się technologie i wykładnicza zmiana: implikacje dla transformacji armii), wydany w 2002 przez Questia Online Library [1]; książki, takie jak *Living in the Environment: Principles, Connections, and Solutions* (Życie w środowisku: zasady, połączenia i rozwiązania) (G.Tyler Miller i Scott Spoolman) [2] czy też otwierajace oczy wideo na YouTube pt. „We are living in exponential times" (Żyjemy w czasach wykładniczych) [3] - to tylko trzy z wielu prób opisania tego, jak szybko zmienia się nasz świat. Ale, jeśli wziąć pod uwagę fundamentalną zmianę, jaka nastąpiła wraz z pojawieniem się Etapu Trzy w ewolucji pragnienia, staje się oczywistym, że ten wykładniczy wzrost ma swoje korzenie w koncepcjach oraz innowacjach, które najpierw pojawiły się w okresie późnego średniowiecza i wczesnego renesansu.

W rozdziałach trzecim oraz piątym cytowaliśmy pozycję 38 ze „Wstępu do Księgi Zohar" Aszlaga, gdzie on pisze: „Pragnienie otrzymywania na poziomie zwierzęcym... może generować jedynie potrzeby i pragnienia w takim stopniu, w jakim są one wpisane tylko w to stworzenie". [4] Poziom zwierzęcy, o którym wspomina Aszlag, odpowiada Etapowi Trzy z czterech pierwszych etapów, który charakteryzuje się podwyższonym poziomem pragnienia otrzymywania w porównaniu z Etapem Dwa. Na tym poziomie pragnienie otrzymywania samodzielnie „decyduje się" otrzymywać w przeciwieństwie do automatycznego otrzymywania i odrzucania na Etapie Jeden i Dwa. W tym sensie jest ono bardziej autonomiczne niż jego poprzednicy. W wyniku tego jego fizyczna manifestacja – zwierzęta, jest bardziej aktywna i niezależna niż wcześniejszy stopień w piramidzie pragnień - roślinny. W taki sam mniej więcej sposób, kiedy pragnienie otrzymywania u ludzi osiągnęło Etap Trzy, spowodowało to wzrost aktywności człowieka i dążenie do większej autonomii jednostki.

Początek nowej ery był obiecujący. Duch czasu, przynajmniej wśród szczęśliwszych w społeczeństwie, charakteryzował się wyzwoleniem ciał i umysłów, z takimi rewolucjami społecznymi, jak Oświecenie, Karta Praw (najpierw angielska, a później wersja amerykańska), humanizm, reformacja oraz Edykty nantejskie. Jeśli dodać do tego rozkwit filozofii i nauki, wydawać by się mogło, iż w niedługim czasie każdy będzie mógł korzystać z owoców tego postępu.

Jednak, jako że u podstaw wszystkich tych zachęcających zmian było pragnienie otrzymywania przyjemności w rozbitej, egoistycznej formie (i to nawet w większym stopniu niż kiedykolwiek wcześniej), kabaliści odpowiedzieli na ten wybuch egoizmu wezwaniem do działania. Kabaliści wyczuwali, iż wraz z nowymi możliwościami, jakie oferowała technologia i nauka, jak również przy zwiększonym pragnieniu wyrażania samego siebie potrzebna była nowa metoda naprawy.

Tak więc zaczęli deklarować, iż nadszedł czas, aby wyjść z cienia i pokazać światu tak długo ukrywaną mądrość *Zoharu*.

Bez niej, głosili, świat nie jest w stanie doświadczyć pozytyw-
nego uwieńczenia nowej ery. Można to zamknąć w słowach
Gaona z Wilna (GRA), które powtarzali później liczni kabaliści:
„Wybawienie [od egoizmu] zależy od nauki Kabały". [5]

Zdejmowanie zasłony tajemnicy

W zgodzie ze zmianami, jakie miały miejsce na początku
renesansu, kabaliści zaczęli zdejmować zasłonę tajemnicy z
mądrości Kabały, a przynajmniej przemawiać za jej usunięciem.
Od napisania *Księgi Zohar* kabaliści ustawiali różne przeszkody
przed tymi, którzy pragnęli studiować Kabałę. Zaczęło się to od
ukrycia *Zoharu* przez Raszbiego, a kontynuacją tego działania
były wszelkie rodzaje warunków, jakie trzeba było spełnić przed
uzyskaniem zgody na studiowanie. Miszna na przykład podaje
pozornie paradoksalne zalecenie, aby unikać nauczania Kabały
tych uczniów, którzy nie są wystarczająco mądrzy i pojmują
wszystko ich własnym umysłem, lecz tekst nie precyzuje, w
jaki sposób można dojść do zdobycia mądrości, jeśli nie można
studiować. [6]

W Talmudzie Babilońskim znajduje się dobrze znana alego-
ria o czterech mężczyznach, którzy udali się do *PARDES* (akro-
nim wszystkich form studiów duchowych - *Peszat* (prostej,
dosłownej), *Remez* (domniemanej), *Derusz* (interpretowanej)
oraz najwyższego poziomu: *Sod* - kabalistycznej). Z tych czterech mężczyzn jeden umarł, drugi postradał zmysły, trzeci stał
się heretykiem, a tylko jeden - rabin Akiwa, który był gigantem
wśród kabalistów, wszedł tam w pokoju i wyszedł w pokoju.
Istnieją inne, głębsze i dokładniejsze wyjaśnienia tej alegorii, ale

historia ta była stosowana, aby zastraszyć i zniechęcić ludzi do studiowania Kabały. [7]

Innym warunkiem, jaki definiowali kabaliści, było to, aby „napełnić własny brzuch" (być biegłym) Miszną i Gemarą, zanim człowiek zacznie studiować Kabałę. Aby uzasadnić ten warunek, cytowali Talmud Babiloński, który ostrzega, iż trzeba spędzić jedną trzecią część swojego życia na studiowaniu Biblii, kolejną trzecią cześć na studiowaniu Miszny, a pozostałą jedna trzecią na studiach Talmudu. [8]

To, oczywiście, nie pozostawia czasu na studiowanie Kabały, więc kiedy nadszedł czas pozwolenia na naukę Kabały, należało „zrobić miejsce" w ciągu dnia na naukę Kabały. Tak więc kabaliści, tacy jak Cwi Kirsz, „omijali" zakaz, oświadczając, że każdego dnia trzeba najpierw „napełnić brzuch" Miszną i Gemarą, a następnie studiować Kabałę.

Istnieją liczne przykłady proklamacji kabalistów, iż Kabała jest środkiem do zbawienia (naprawy duszy, czyli nadania pragnieniu otrzymywania intencji obdarzania) i że nie powinna ona być zaniedbywana. Ponadto z reguły im bardziej współczesny kabalista, tym większa u niego tendencja do preferowania studiowania Kabały aniżeli jakiejkolwiek innej formy studiów.

Księga Zohar mówi: „Pod koniec dni, kiedy twoje dzieło [*Księga Zohar*] pojawi się niżej, dzięki temu uwolnisz ziemię [uwolnisz pragnienia od egoizmu, czyli naprawisz je]". [9] Dla kabalistów pojawienie się tak systematycznej i uporządkowanej metody, jak ta autorstwa ARI, zapoczątkowało koniec dni albo też to, co nazywają „ostatnim pokoleniem".

We wstępie do *Drzewa Życia* Chaim Wital napisał: „Nawet w tym, ostatnim pokoleniu nie jesteśmy zdegustowani i nie brzydzimy się naruszaniem Jego [Stwórcy] przymierza z nami". [10] Innymi słowy, według słów Witala, które powtarza kilkukrotnie we wstępie, jesteśmy ostatnim pokoleniem, lecz nadal nie mamy ochoty na naprawę i przejście od egoizmu do altruizmu.

Ponadto kontynuuje: „Kiedy tak się stanie, iż dni Mesjasza [*] zbliżą się [w kierunku końca naprawy], nawet małe dzieci zrozumieją wielkie tajemnice tej mądrości. Ponadto, jak zostało już to wyjaśnione, słowa mądrości *Zoharu* zostały ukryte, ale w ostatnim pokoleniu mądrość ta ujawni się i stanie się znana". [11]

Chaim Wital wyjaśnia także, iż wszystkie problemy *Adama Riszona* - zbiorowej duszy, którą wszyscy tworzymy, wynikają z braku znajomości Kabały. Według jego słów „Zostało to wyjaśnione... iż grzechem *Adama Riszona* [choć kabaliści traktują jego grzech jako 'pomyłkę', a nie celowo szkodliwy czyn] było to, iż nie zdecydował się zaangażować w Drzewo Życia, które jest mądrością Kabały". [12]

W pozostałej części wyżej cytowanego tekstu Chaim Wital próbuje ułatwić podejście ludzi do Kabały poprzez wyjaśnienie powszechnych mylnych wyobrażeń, jakie kabaliści rozpowszechniali od momentu ukrycia *Księgi Zohar*. Według jego słów „Samo to jest grzechem ludzi z tłumu [odniesienie do tych spośród Żydów, którzy zabraniają studiowania Kabały], którzy mówią Mojżeszowi: „Przemawiaj do nas... i niech Bóg do nas nie przemawia, abyśmy nie pomarli przez tajemnice Tory [powszechne określenie mądrości Kabały]". Błędnie wielu z nich wierzy i mówi, iż każdy, kto angażuje się w nią [Kabałę], będzie miał krótki żywot. Dzisiaj to właśnie oni oczerniają i przydają złej sławy mądrości prawdy [inne określenie dla Kabały]". [13]

W innym miejscu dodaje on: „Do tej pory słowa mądrości *Zoharu* były ukryte, ale w ostatnim pokoleniu [które Chaim Wital definiuje jako swoje pokolenie] mądrość ta pojawi się i stanie się znana, a oni będą uczyć się jej i zrozumieją tajemnice Tory [Kabały], których ich poprzednicy nie znali. W związku z tym zastrzeżenia głupców, którzy mówią: „Jeśli poprzednicy nie wiedzieli, to w jaki sposób my poznamy?", zostaną odrzucone. Jak to wyjaśniono, w tych ostatnich pokoleniach będą oni karmieni tym dziełem [*Księga Zohar*], a jego mądrość objawi się im". [14]

Będąc pod opieką swojego mentora, Chaim Wital miał przywilej uczenia się Kabały od najwyższego autorytetu tamtego czasu. Jednakże Wital nie był jedynym głosem w swoim pokoleniu, który propagował potrzebę publikowania Kabały. Kabalista Abraham ben Mordechai Azulai (1570-1644) jasno wyraził potrzebę publikowania Kabały: „Widziałem napisane, iż nakaz... powstrzymywania się od jawnego badania mądrości prawdy był jedynie... do końca 1490 roku. Ale od tamtego momentu zakaz ten został zniesiony i zostało udzielone pozwolenie dla angażowania się w *Księgę Zohar*. Natomiast od roku 1540 jest to wielką *Micwą* [przykazanie, ale też dobry uczynek], aby masy uczyły się – starzy i młodzi... A ponieważ Mesjasz nadejdzie dzięki temu, a nie z żadnego innego powodu, nie wolno nam być w tym niedbałymi". [15]

W XVI wieku miasto Safed, w dzisiejszym północnym Izraelu, było „stolicą" Kabały. Było to również miasto, gdzie żył Ari i nauczał swoich uczniów. Największym kabalistą w Safed aż do przybycia Ari był Mosze Cordovero (1522-1570) znany jako „Ramak". O kilka lat poprzedził on pojawienie się Ari, ale był już w stanie odczuć zbliżanie się nowego etapu pragnienia. W swojej księdze *Poznaj Boga ojca twego* napisał: „Cała Tora mówi jedynie o istnieniu Stwórcy i Jego zasługach w *Sfirot* oraz o Jego w nich działaniach. A im więcej człowiek studiuje jej tajemnice [Kabały], tym lepiej, ponieważ wtedy wspomina Jego zasługi i czyni cuda w *Sfirot*". [16]

Z biegiem czasu kabaliści odczuwali coraz większą potrzebę, aby ludzie studiowali Kabałę, ponieważ obawiali się, iż pojawią się liczne problemy i nieszczęścia, jeśli ludzie nie poznają modus operandi życia. Zaczęli nawet przemawiać za tym, aby nauczać także dzieci. Izaak Jehuda Sarfin z Komarna (1806-1874) na przykład napisał w swojej księdze *Nocer Hesed* (*Przestrzegając miłosierdzia*): „Gdyby mój lud posłuchał mnie w tym pokoleniu... studiowaliby oni *Księgę Zohar* oraz *Tikkunim* (naprawy, część *Zoharu*) i rozważaliby je z dziewięcioletnimi dziećmi". [17]

W podobnym tonie kabalista Raw Szabtaj ben Jaakow Izaak Lifszic (ok.1845 -1910) napisał w swojej księdze *Segulot Izrael* (*Cnoty Izraela*): „Niech zaczną oni uczyć dzieci świętej *Księgi Zohar*, kiedy te są jeszcze małe, w wieku dziewięciu lub dziesięciu lat, jak zostało to napisane przez wielkiego kabalistę... a zbawienie [pełna naprawa] na pewno nadejdzie w ślad za tym". [18]

Do pewnego stopnia kabaliści odnieśli sukces w swoich staraniach. *Hassidut* (chasydyzm) - ruch, założony w XVIII wieku w Rzeczpospolitej Obojga Narodów (dzisiejsza Ukraina) przez rabina Izraela ben Eliezera (1698 - 1760) znanego jako Baal Szem Tow (Właściciel Dobrego Imienia), wykształcił bardzo wielu kabalistów. Kiedy już uczniowie Baal Szem Towa osiągnęli dostateczną znajomość Kabały i wystarczająco klarowne postrzeganie świata duchowego, wysyłał on ich do innych miast, aby kontynuowali rozpowszechnianie tej mądrości. Uczniowie Baal Szem Towa wykształcili jeszcze więcej uczniów, pomogli im osiągnąć postrzeganie duchowe i znów wysyłali ich w drogę, aby dalej rozpowszechniali mądrość Kabały. W ten sposób utworzony został wielki ruch, na czele którego stali kabaliści.

Jednak wraz z upływem czasu, tak jak stało się to z ludem Izraela przed upadkiem Drugiej Świątyni, poziom duchowy nauczycieli obniżył się aż do stanu, kiedy stracili całkowicie duchowe osiągnięcie. Pomimo tego pozytywne efekty *hasydyzmu* nie mogą być zignorowane, biorąc pod uwagę sukces Baal Shem Towa we wprowadzaniu dotychczas ukrytej mądrości do mas.

* Siła, która wyciąga z egozimu. W Kabale określenie „Mesjasz" odnosi się do hebrajskiego słowa Moszech (ciągnący), które określa siłę, jaka wyciąga człowieka z egoizmu do altruizmu, w ten sposób naprawiając jego duszę. Pojęcia „odkupienie" i „zbawienie" są także określeniami na przejście od egoizmu do altruizmu. Także nadejście Mesjasza odnosi się do czasu, kiedy będzie miało to miejsce w odniesieniu do całej ludzkości.

Rozszerzony zasięg Kabały

Chociaż Kabała była tajemną mądrością przez tysiąclecia, jednak teksty kabalistyczne zawsze można było znaleźć, jeśli oczywiście ktoś naprawdę chciał je studiować. W okresie renesansu wielu uczonych nie tylko odkrywało księgi Kabały, ale jak się okazuje, uczyli się z nich z wielkim entuzjazmem i traktowali Kabałę jako mądrość o wielkim znaczeniu.

W poprzednim rozdziale wspomnieliśmy Johannesa Reuchlina (1455-1522), który twierdził, iż Pitagoras otrzymał swoją wiedzę od Żydów, czyli kabalistów, i że pojęcie filozofii pojawiło się, kiedy Pitagoras przetłumaczył słowo „Kabała" na określenie greckie „filozofia". Niemniej Reuchlin nie był jedynym. Wielu znanych naukowców i myślicieli wypowiadali się pozytywnie na temat Kabały i zachęcali swoich czytelników do jej studiowania, starając się wyjaśnić nieporozumienia i usunąć wszelkie stygmaty, które ją otaczały.

Jednym z najbardziej znaczących filozofów, którzy wykazali duże zainteresowanie Kabałą, był uznany dramaturg, autor i naukowiec Johann Wolfgang von Goethe (1749-1832). W swoim dziele *Materialien zur Geschichte der Farbenlehre* Goethe napisał: „Cały chór [zgromadzenie] tych, którzy się zebrali - Żydzi, chrześcijanie, poganie i święci mężowie, ojcowie Kościoła i heretycy, Rady [Synody] i papieże, reformatorzy i całkowici przeciwnicy, kiedy coś wyjaśniają... [oni] robią to za przykładem Platona czy Arystotelesa, świadomie lub nieświadomie, jak... Talmud i kabalistyczne traktowanie Biblii przekonują nas". [19]

Łączenie się i komunikacja

Wczesny okres Etapu Trzy w ewolucji pragnień dał podstawę do ekspansji terytorialnej oraz ideowej. Wiek odkryć, rewolucja naukowa, humanizm, reformacja i ruch Oświecenia były częściami głębokiej zmiany, która otworzyła umysły ludzi i rozszerzyła ich światopogląd. Ruchy te oraz ideologie umożliwiły ludziom wyjście poza okres dzieciństwa i refleksje dotyczące życia i jego sensu. Okres romantyzmu w muzyce klasycznej, ruch literacki *Sturm und Drang* (burza i napór) oraz impresjonistyczny styl malarstwa podkreślały wagę osobistych doświadczeń i emocji w sztuce, a w rzeczywistości stanowiły trend, który umocnił się w XX wieku. Tendencja ta, która ostatecznie doprowadziła do epidemii narcyzmu, na którą wskazują Twenge i Campbell (patrz Wstęp i Rozdział 5), była prekursorem Etapu Cztery w ewolucji pragnień.

Jednak istnienie tak szlachetnych idei, jak równość szans, prawa człowieka i wolność słowa, nie było wystarczające, aby zapoczątkować nową erę. Aby tak się stało, musiał zaistnieć nowy sposób przekazania tych idei. Wiek XVIII, a szczególnie wiek XIX ułatwiły właśnie to - masową komunikację i masowy transport.

Silnik parowy, wynaleziony początkowo w XVII wieku, został znacznie ulepszony w kolejnych dwóch stuleciach i stał się głównym dostawcą energii napędowej (silnikiem) dla przemysłu i transportu. Pod koniec XVIII wieku silniki parowe zaczęły być stosowane w łodziach. W następnym stuleciu silniki te poprawiły się tak bardzo, iż stały się głównym źródłem siły napędu w łodziach i statkach.

Na lądzie natomiast parowóz zmienił oblicze transportu XIX wieku. Pierwsze próby skonstruowania silnika parowego sięgają drugiej połowy XVIII wieku. Jednak dopiero z pojawieniem się wielorurowego kotła, zaprojektowanego przez George'a i Roberta Stephensonów w 1829 r. o nazwie „Rakieta", zbudowano pierwszą wydajną lokomotywę parową. W rzeczywistości lokomotywa ta była tak udana, iż jej ulepszone wersje były w komercyjnym użytku w okresie całego wieku XX, a nawet na początku XXI stulecia (zdj. 8). I chociaż jest to już w tej chwili rzadkim widokiem, silniki parowe są nadal w użyciu w niektórych lokomotywach.

Tak więc przy tak wydajnym środku transportu podróżowanie stało się stosunkowo łatwe, a migracja ludności znacznie częstsza.

Zdj. 8: Nowy parowóz 60163 Tornado wyprodukowany w Anglii, 2008.

Prywatny transport także rozwijał się dynamicznie w tamtym okresie. Różne formy „bezkonnych pojazdów", jak nazywano automobile, pojawiały się od końca XVIII wieku. Jednakże do końca XIX wieku były traktowane jako dziwactwa i często jako coś uciążliwego. W 1865 roku w Wielkiej Brytanii Ustawa lokomocyjna ograniczała prędkość pojazdów bezkonnych do 4 mil na godzinę poza terenem zabudowanym i 2 mile na godzinę w miastach. Ponadto Ustawa ta nakładała wymóg *trzech* kierowców dla każdego pojazdu, dwóch jadących w pojeździe i jednego *idącego z przodu i* machającego czerwoną flagą.

W 1876 roku Nikolaus August Otto wynalazł udany silnik czterosuwowy znany jako „cykl Otta", a także w tym samym roku został wynaleziony pierwszy udany dwusuwowy silnik przez szkockiego inżyniera Sir Dugalda Clerka. Dziesięć lat później pierwsze pojazdy napędzane silnikami spalinowymi zostały opracowane przez dwóch inżynierów pracujących w różnych częściach Niemiec - Gottlieba Daimlera i Karla Benza. Jednocześnie zaprojektowali oni bardzo sprawne i praktycznie napędzane pojazdy, które działały podobnie jak współczesne samochody. Taki był początek ery motoryzacyjnej.

Na początku XX wieku została pokonana ostatnia ziemska granica - niebo. Według *Smithsonian National Air and Space Museum* (Narodowe muzeum lotnictwa i przestrzeni kosmicznej Smithsona) „W dniu 17 grudnia 1903 roku w Kitty Hawk w Karolinie Północnej Wright Flyer [Orville] stał się pierwszą napędzaną, cięższą od powietrza maszyną, która wykonała kontrolowany, przedłużony lot z pilotem na pokładzie". [20] Od tego momentu nawet niebo nie było już granicą dla ludzkości.

W przedziale czasowym pomiędzy napisaniem *Drzewa Życia* a początkiem XX wieku nasze pragnienie, aby rządzić i zyskiwać, doprowadziło nas do osiągnięcia takich możliwości w dziedzinie nauki, technologii, komunikacji i transportu, iż na początku XX wieku były znane już wszystkie główne obszary lądowe, związane i regularnie handlujące ze sobą. Tak więc świat w rzeczywistości stał się jednym podmiotem, globalną wioską, i chociaż mogło nie być to oczywiste dla zwykłych ludzi, XX wiek z jego radościami i smutkami dogłębnie zademonstrował nasze wzajemne powiązania i współzależność.

Jak powiedzieliśmy na początku tego rozdziału, przed każdym nowym etapem w ewolucji pragnienia pojawia się jego odpowiedni prekursor. W przypadku Etapu Cztery jego prekursorem nie był jedynie kabalista, który był w stanie wyjaśnić zjawiska lepiej niż którykolwiek z jego poprzedników, ale niemal całe stulecie służyło jako prekursor nowej ery. Wiek dwudziesty nie tylko przepowiedział, ale nawet ułatwił nadejście nowego pragnienia. Z tego też powodu wiek XX zasługuje na omówienie w formie całego rozdziału.

[1]   Kip P. Nygren, "Emerging Technologies and Exponential Change: Implications for Army Transformation," *Parameters* (Summer 2002), 86-99, Online source: http://www.carlisle. army.mil/usawc/parameters/Articles/02summer/nygren.htm

[2]   G. Tyler Miller and Scott Spoolman, *Living in the Environment: Principles, Connections, and Solutions* (Belmont, CA: Books/ Cole, Cengage Learning, 2008)

[3]   Solliberty (online name), "Did You Know? We are living in exponential times (December 9, 2008), http://www.youtube.com/ watch?v=lUMf7FWGdCw

[4]   Ashlag, "Introduction to the Book of Zohar," in *Kabbalah for the Student*, 128

[5]   Elijah ben Shlomo Zalman (The Vilna Gaon (GRA)), *Even Shlemah* (*A Perfect and Just Weight*), Chapter 11, Item 3 (Israel: *Yofi* (Beauty) Publishing, 2007), 100

[6]   Mishnah, *Masechet Hagigah*, 2,1

[7]   Babylonian Talmud, *Masechet Hagigah*, p 14b

[8]   Babylonian Talmud, *Masechet Kidushin*, Chapter 1, p 30a)

[9]   *The Book of Zohar, Tikkuney Zohar* (*Corrections of the Zohar* (part of *The Zohar*), *Tikkun* (Correction) No. 6, p 24a)

[10]   Chaim Vital, *The Tree of Life, Introduction of Rav Chaim Vital to The Gate of Introductions*, http://www.kab.co.il/heb/content/ view/frame/7948?/heb/content/view/full/7948&main

[11]   (ibid.)

[12]   (ibid.)

[13] (ibid.)

[14] (ibid.)

[15] Avraham Ben Mordechai Azulai, *Ohr HaChama* (*Light of the Sun*), Introduction, p 81

[16] Rav Moshe Cordovero (RAMAK), *Know the God of Thy Father*, 40

[17] Rav Yitzhak Yehudah Yehiel of Komarno, *Notzer Hesed* (*Keeping Mercy*), Chapter 4, Teaching 4

[18] Rav Shabtai Ben Yaakov Yitzhak Lifshitz, *Segulot Israel* (The Virtue of Israel), Set no. 7, Item 5

[19] Johann Wolfgang von Goethe, *Materialien zur Geschichte der Farbenlehre* (Germany: Gotta'sche Buchhandlung, 1833), 83-4

[20] The Wright Brothers, the Invention of the Aerial Age, "Inventing a Flying Machine," http://www.nasm.si.edu/wrightbrothers/fly/1903/triumph.cfm

Rozdział 9
Jeden świat

Na pierwszy rzut oka wiek dwudziesty wydaje się być początkiem nowego etapu w ewolucji pragnień. Każda sfera ludzkiego działania została zrewolucjonizowana (a często też ponownie lub kontrzrewolucjonizowana) w tym stuleciu. Rzeczywiście, tempo zmian w XX wieku wzrosło tak, iż życie zaczęło się zmieniać w tempie już wykładniczym.

Jednak jeszcze bardziej zdumiewającym aniżeli tempo postępu było tempo procesu globalizacji. Proces powstawania jednolitego systemu gospodarczego, który rozpoczął się wraz z wiekiem odkryć i kolonializmem, osiągnął swój szczyt w wieku XX. Pod koniec tego stulecia praktycznie żaden kraj nie był już całkowicie samowystarczalny.

Chociaż szybki rozwój i zmiany we wszystkich sferach życia są wyraźnie widoczne, ich zakres i tempo są tak niepokojące, iż moim zdaniem warte jest to krótkiej refleksji. Jednakże jeśli czytelnik ma wrażenie, że przegląd wybranych najważniejszych wydarzeń XX wieku jest tutaj zbędny, prosimy zatem przejść od razu do następnej części tego rozdziału zatytułowanej „Niewidzialne połączenia".

W roku 1900 liczba ludności na świecie wynosiła około 1,6 miliarda. Pod koniec wieku było to już ponad sześć miliardów. W 1900 roku maksymalna prędkość samochodu była na poziomie siedmiu mil na godzinę. Sto lat później nawet standardowe samochody rodzinne mogły osiągnąć prędkość 130 mil. Ponadto podstawowe środki transportu uległy zmianie: od powozów i rowerów do pojazdów mechanicznych. U schyłku XX wieku duża część chodzenia pieszo miała miejsce głównie na bieżni w domu, w parkach lub w salach gimnastycznych i podobnie wygląda to w kwestii jazdy rowerem.

W podróżach zagranicznych samoloty odrzutowe niemal całkowicie zastąpiły statki pasażerskie, a czas przejazdu pomiędzy kontynentami zmniejszył się od kilku tygodni do kilku godzin (aczkolwiek przy wysyłce towarów podstawowym środkiem transportu są nadal statki towarowe, a nie samoloty). A (dosłownie) ponad wszystkim, aby pomóc statkom i samochodom w nawigacji, aby powiadamiać ich o złej pogodzie, człowiek umieścił sztuczne satelity w przestrzeni kosmicznej.

Jeśli chodzi o technologię, nasze życie zmieniło się nie tylko w tym zakresie, jak szybko i wygodnie podróżujemy, ale również w kwestii narzędzi, jakich używamy w naszym codziennym życiu. Takie urządzenia, jak telefony (a później telefon komórkowy), żarówki, radia, telewizory i komputery były albo nieznane, lub zaledwie debiutowały na początku minionego wieku.

W domu nasze życie nigdy nie było łatwiejsze. Pralki, suszarki, lodówki, zamrażarki, odkurzacze, kuchenki elektryczne, a obecnie i mikrofalowe – wszystko to stało się wyposażeniem naszego gospodarstwa.

W 1900 roku popularną rozrywką był wodewil, a także czarno-białe nieme filmy oraz ragtime. Pod koniec XX wieku filmy „w puszce" były dostępne już w pełnym kolorze i w systemie dźwięku Dolby Surround, natomiast sport zawodowy stał się głównym źródłem rozrywki. Muzyka jest nam oferowana w niezliczonych stylach, każdy z własnym licznym podstylem: rock, folk, blues, klasyczna, jazz, pop, hip-hop, trance, muzyka etniczna każdego rodzaju, a lista ta nie ma końca. Jednak nie tylko muzyka, gdyż także taniec, teatr, sztuki wizualne, fotografia oraz każda inna forma sztuki rozwinęła się w sposób wykładniczy w swojej różnorodności. Gry komputerowe także stały się bardzo popularne z końcem XX wieku, natomiast internet zaczął coraz bardziej zaznaczać swoją obecność w naszych domach. Co więcej, ludzie nie potrzebowali już opuszczać domu dla rozrywki lub w celu uzyskania informacji, ponieważ posiadali już radia, telewizory, odtwarzacze kaset, CD oraz odtwarzacze wideo lub DVD.

Niestety, postęp technologiczny dwudziestego wieku był (i nadal jest) wykorzystywany w sposób szkodliwy z destrukcyjnymi skutkami: wojny, okupacje, ucisk i tyrania stały się dzięki temu dużo bardziej skuteczne i wyniszczające, co przełożyło się na dwie wojny światowe oraz wiele innych ludobójstw mających miejsce w zaledwie jednym stuleciu.

Dwie wojny światowe zmieniły dramatycznie mapę świata i zakończyły okres kolonializmu (z pewnymi wyjątkami, takimi jak Indie, które uzyskały niezależność od Anglii w 1947 roku, czy Algieria oraz inne narody pod rządami francuskimi, które uzyskały niepodległość w latach pięćdziesiątych i sześćdziesiątych). Pozwoliło to licznym nowym krajom doświadczyć niepodległości po raz pierwszy w swojej historii, chociaż przepaść w płacach, infrastrukturze i poziomie życia pomiędzy potężnymi postkolonialnymi krajami a tymi nowymi nie tylko pozostała, ale wręcz się powiększyła.

W wieku dwudziestym nauka drastycznie zmieniła nasz sposób patrzenia na świat. Teoria względności Einsteina, a następnie pojawienie się mechaniki kwantowej zrewolucjonizowały sposób, w jaki naukowcy postrzegają świat, torując drogę dla licznych innowacji - od laserów do mikroprocesorów oraz wszystkiego, co od nich pochodzi. Znacznie rozwinęła się także genetyka - określono strukturę DNA, a na przełomie wieku sklonowano pierwszego ssaka – owieczkę Dolly.

W astronomii zaproponowano teorię Wielkiego Wybuchu oraz ustalono wiek wszechświata na około 14 miliardów lat. Ponadto nasze możliwości obserwacyjne zostały znacznie udoskonalone w 1990 roku wraz z uruchomieniem teleskopu Hubble'a.

I ostatnim, ale z pewnością nie najmniej ważnym elementem na tej liście jest medycyna i zdrowie. Według raportu National Vital Statistics z 28 grudnia 2007, sporządzonego przez dr Elizabeth Arias dla Centrów Kontroli i Zapobiegania Chorobom (CDC), amerykańskie dziecko płci męskiej rasy kaukaskiej urodzone w 1900 roku mogło spodziewać się osiągnięcia wieku 46 lat (32, jeśli było to dziecko afroamerykańskie). W 2000 roku liczby te kształtowały się odpowiednio na poziomie 74 i 68 lat.

[1] Było to możliwe dzięki lepszej higienie medycznej, takiej jak sterylizacja instrumentów wykorzystywanych do operacji oraz stosowanie odzieży ochronnej przez personel medyczny, a także dzięki poprawie higieny osobistej, takiej jak mycie rąk oraz wielu szczepionkom, które zostały opracowane wraz z szybkim rozpowszechnianiem się leków antybiotykowych.

Ponadto postęp techniczny uczynił z promieni rentgenowskich potężne narzędzie w diagnostyce szerokiego spektrum chorób, począwszy od złamań kości do raka. W latach sześćdziesiątych została wynaleziona tomografia komputerowa (CT), a dziesięć lat później opracowano rezonans magnetyczny (MRI).

Wszystkie powyższe oraz wiele innych innowacji i zmian w XX wieku uczyniło z tego stulecia punkt zwrotny w historii całej ludzkości.

Niewidzialne połączenia

W co najmniej trzech przypadkach świat był świadkiem efektu niewidzialnych połączeń, które wiążą nas w jeden system. Podczas dwóch wojen światowych praktycznie całe kontynenty zaangażowały się w aktywną walkę. Wielki kryzys spowodował liczne fale finansowego tsunami na całym świecie, niszcząc życie i dochody milionów ludzi. Według Encyklopedii Britannica: „Ponieważ USA były głównym wierzycielem i finansistą powojennej [I WŚ] Europy, krach finansowy w USA zainicjował kryzysy ekonomiczne na całym świecie... Izolacjonizm rozprzestrzeniał się w miarę, jak narody starały się chronić produkcję krajową poprzez nałożenie ceł i kontyngentów, ostatecznie zmniejszając wartość handlu międzynarodowego o ponad połowę do roku 1932". [2]

Jednakże pomimo takich dowodów, ludzkość nie zdała sobie sprawy, iż cała stanowi zamknięty, współzależny system. Za każdym razem, kiedy pojawiały się jakieś przeciwności, poszczególne kraje uciekały się do protekcjonizmu oraz izolacji poprzez podniesienie taryf, stosowanie środków karnych wobec łamiących prawo, jednocześnie ignorując czy też przeoczając fakt, że trudności tego rodzaju nigdy nie są dziełem tylko jednego sprawcy. Raczej zawsze były kulminacją długotrwałego procesu, który obejmował wielu uczestników.

Dlatego też kiedy zdajemy sobie sprawę, jak bardzo wszyscy jesteśmy połączeni ze sobą, iż na najgłębszym poziomie istnienia jesteśmy faktycznie jednym istnieniem, wtedy staje się to niezmiernie trudnym, aby wskazać jednego konkretnego sprawcę niepowodzeń. Z taką świadomością człowiek zaczyna już badać problemy i sytuacje z szerszej perspektywy, rozumiejąc, że to, co robi każdy z nas, ma wpływ na wszystkich innych ludzi na świecie. Jednakże do osiągnięcia tego stanu należy mieć świadomość, iż wszyscy ludzie tworzą jedną duszę (pragnienie otrzymywania), której egocentryczny *modus operandi* zaślepia jej poszczególne części na prawdę dotyczącą ich wzajemnego powiązania i współzależności.

Tak długo, jak ludzkość rozwijała się pod wpływem pragnień od Etapu Zero do Dwa, nasza nieświadomość wzajemnego powiązania była do zaakceptowania. Na Etapie Zero nie było w zasadzie jeszcze żadnego dostrzegalnego pragnienia otrzymywania; człowiek był jedynie częścią natury. Na Etapie Jeden, za czasów Abrahama, egoizm ujawnił się po raz pierwszy. Jednak w tamtym momencie ludzkość była dopiero w powijakach i nie istniało niebezpieczeństwo spowodowania nieodwracalnych szkód dla siebie czy też środowiska. Na Etapie Dwa, oczywiście, było już więcej egoizmu, ale ograniczonego głównie przez religię, jak omówiliśmy to w rozdziale 7.

Na Etapie Trzy pragnienie otrzymania stało się już aktywne. W wyniku tego od debiutu Etapu Trzy w późnym średniowieczu ludzkość zainicjowała szalone przyspieszenie rozwoju i wzrostu, które osiągnęło już niekontrolowaną prędkość. Jak zobaczymy poniżej, takie tempo wzrostu zostało już dawno rozpoznane przez naukę, jak również Kabałę.

W poprzednim rozdziale cytowaliśmy obserwacje naukowców na temat tego, że ludzkość rozwija się w tempie wykładniczym. Ale chyba najbardziej przekonywującym dowodem uznania przez naukę tej tendencji jest ten autorstwa Karola Darwina. Dzięki jego obserwacjom oraz tym, poczynionym przez jego poprzedników, dowiadujemy się, iż gwałtowny wzrost egoizmu nie jest nowym zjawiskiem, jako że wzrost wykładniczy charakteryzuje działanie całej Natury.

W swoim dziele *O pochodzeniu gatunków* Darwin omawia ten wzrost wykładniczy oraz cytuje szwedzkiego botanika - Karola Linneusza (1707-1778), który również zaobserwował taką zależność: „Nie ma wyjątków od reguły, która mówi, że każda istota organiczna rozwija się z tak dużą szybkością, iż jeśli nie zostałaby zniszczona, cała ziemia w niedługim czasie zostałaby zamieszkana przez potomstwo pojedynczej pary. Nawet wolno rozmnażający się człowiek podwoił swoją liczbę w ciągu dwudziestu pięciu lat, a w takim tempie w ciągu kilku tysięcy lat nie byłoby dosłownie miejsca na ziemi dla jego potomstwa. Linneusz obliczył, że jeśli roślina jednoroczna produkowałaby tylko dwa nasiona - a nie ma roślin mniej produktywnych niż takie, a ich sadzonki wyprodukowałyby w kolejnym roku dwie następne i tak dalej, to po upływie dwudziestu lat byłoby już milion roślin". [3] (*O pochodzeniu gatunków*, Walka o przetrwanie, s.117-119)

Kiedy pragnienia są małe, tak jak w przypadku roślin, zwierząt, a nawet we wczesnych stadiach ewolucji pragnień u ludzi, Natura znajduje sposoby, aby zrównoważyć gwałtowne tempo wzrostu, wprowadzając równie potężne przeciwstawne elementy, takie jak konkurujące ze sobą rośliny i zwierzęta, co tworzy w ten sposób delikatną równowagę. Dlatego też Darwin pisze w powyższym cytacie: „Każda istota organiczna rozwija się z tak dużą szybkością, iż jeśli nie zostałaby zniszczona, cała ziemia w niedługim czasie zostałaby zamieszkana..." [4]

Mówiąc inaczej, własne mechanizmy natury gwarantują, iż nadmiar reprodukcji roślin i zwierząt jest ograniczany. Ale kiedy pragnienia rosną w sposób wykładniczy u dominujących gatunków, a zwłaszcza kiedy wykazują egocentryczną tendencję, taką, jaka zaczęła objawiać się na Etapie Trzy, równowaga środowiskowa zostaje naruszona i pojawia się poważny problem.

Efekt wykładniczy

Aby lepiej zrozumieć zmiany, które miały miejsce w XX wieku i wciąż zachodzą w naszym czasie, musimy zrozumieć naturę wzrostu wykładniczego. Decydującym czynnikiem wzrostu wykładniczego nie jest początkowa ilość, lecz to, co znane jest pod pojęciem „czas podwojenia prędkości". Odnosi się to do czasu wymaganego, aby mierzona ilość uległa podwojeniu.

W celu zrozumienia różnicy pomiędzy wzrostem wykładniczym a wzrostem liniowym należy rozważyć następujący scenariusz. Pani A jest biedną kobietą z jednym tylko dolarem na swoim koncie oszczędnościowym, a pan B natomiast jest znacznie majętniejszy i posiada 10 000 dolarów na swoim koncie. Zarówno pani A, jak i pan B oszczędzają, ile się da, na czarną godzinę, a przed sobą mają trzydzieści lat pracy do czasu przejścia na emeryturę.

Oszczędności pani A rosną w postępie geometrycznym, a czas podwojenia wynosi jeden rok. Tak więc po roku posiada ona dwa dolary na swoim koncie ($1 x $2^{1\,(\text{rok})}$ = $2); po dwóch latach ma już cztery dolary ($1 x $2^{2\,(\text{lata})}$ = $4), a po trzech latach wciąż ma jedynie skromne osiem dolarów w swoim koncie ($4 x $2^{3\,(\text{lata})}$ = $8).

Oszczędności pana B rosną liniowo, stąd dodając kolejne 10 000 dolarów na jego konto każdego roku.

Po pięciu latach wydaje się, iż pani A jest skazana na życie w nędzy z jedynie trzydziestoma dwoma dolarami na swoim koncie, natomiast pan B wydaje się kroczyć ku życiu we względnej zamożności z aż 50 000 dolarów w banku. Jeśli jednak kontynuować oni będą swoją 'krzywą' oszczędności przez całe trzydzieści lat aż do przejścia na emeryturę, pod koniec tego okresu pan B uzbiera pokaźną sumę $10 000 x 30 lat = $300 000 na swoim koncie oszczędnościowym.

Pani A z drugiej strony nie będzie już dłużej biedna. Po trzydziestu latach oszczędności, rosnących wykładniczo, na jej koncie uzbiera się aż 1 073 741 824 ($1 x 2^{30}), czyli ponad *miliard* dolarów!

Jak powiedzieliśmy wyżej, kabaliści od dawna wiedzieli o tej wykładniczej formule wzrostu w naturze ludzkiej. Opisali to w często cytowanym fragmencie, pochodzącym z 1500-letniego tekstu *Midrasz Rabba*: „Jeśli ktoś ma 100, pragnie uczynić z tego 200, a jeśli ma 200, pragnie uzyskać 400". [5]

Jednakże istnieje niezbyt subtelna różnica pomiędzy czasem podwojenia w zwykłym wzorze wykładniczym a kabalistycznym czasem podwojenia. W przypadku tradycyjnej formuły wykładniczej czas podwojenia jest stały. Kiedy roczne tempo wzrostu PKB danego kraju na przykład wynosi siedem procent, czas podwojenia dla tego PKB wynosi dziesięć lat. W ten sposób ekonomiści mogą planować naprzód, nawet gdy wzrost jest szybki, ponieważ jest on nadal przewidywalny i dlatego w pewnym zakresie do opanowania.

Wzrost pragnień jednakże jest nieprzewidywalny. W przypadku pragnień, jak pokazuje powyższy cytat, tym, co podwaja pragnienie, nie jest ustalona długość czasu, ale fakt, iż człowiek zaspokoił już swoje poprzednie pragnienie. Zwróćmy uwagę, iż powyższy cytat mówi: „Jeśli ktoś ma 100, pragnie uczynić z tego 200" itd. Oznacza to, że warunkiem nabycia dwukrotnie silniejszego pragnienia jest realizacja tego poprzedniego. Innymi słowy, *nigdy nie można mieć tego, co się chce, ponieważ jak tylko to otrzymujemy, chcemy dwa razy więcej.*

Tak więc, jeśli pragnienie pani A posiadania jednego dolara na jej koncie byłoby spełnione, ona natychmiast chciałaby mieć dwa dolary. I jak tylko miałaby dwa, natychmiast pragnęłaby czterech dolarów na koncie. Stąd kabalistyczna formuła wykładnicza podpowiada, iż pragnienia pani A zawsze uległyby podwojeniu, o jeden krok naprzód w stosunku do jej zdobyczy. W związku z tym w miarę podwajania się jej zdobyczy, podwajałyby się także jej pragnienia, pozostawiając ją nie tylko z poczuciem wiecznego niedosytu, ale w dodatku takim, który stawałby się dwukrotnie dotkliwszy za każdym razem, kiedy już otrzymała to, czego pragnęła.

Jeśli życzeniem pana B było zaoszczędzić $10 000 rocznie, to w ciągu ostatnich trzydziestu lat był on zadowolonym (jeżeli nie szczęśliwym) człowiekiem i może teraz w spokoju przejść na emeryturę. Pani A jednak, której początkowym życzeniem było tylko posiadanie jednego dolara więcej, mierzy się obecnie z deficytem ponad miliarda dolarów, ponieważ tyle właśnie ma ona na swoim koncie.

Co więcej, wraz z wykładniczym wzrostem jej bogactwa (i w konsekwencji niedostatkiem) jest ona skazana na życie w beznadziejnej pogoni za bogactwem i szczęściem, co doprowadzi jedynie do niedoli i bólu przez resztę jej życia. Talmud Babiloński mówi o człowieku z tego rodzaju pragnieniem: „U każdego, kto jest większy od swego przyjaciela [w tym przypadku w kwestii finansowej], jego pragnienie jest większe niż on sam" [6] oraz (*Midrasz Rabba*, jak wcześniej cytowano): „Człowiek opuszcza ten świat z połową swoich pragnień niezrealizowanych". [7]

Ogólnoświatowa sieć (www)

Jak już wspomniano, ludzkie pragnienia podwajają się za każdym razem, kiedy je zaspokajamy. Zmusza nas to do ciągłej innowacji, opracowywania nowych narzędzi, badania nowych obszarów i wymyślania nowych strategii, aby uzyskać to, czego pragniemy. Na Etapie Trzy w ewolucji pragnień, kiedy to pragnienia po raz pierwszy stały się aktywne, skutki wykładniczej formuły manifestowały się w przyspieszonym tempie postępu.

Tak więc poszukując nowych dróg dla czerpania przyjemności, zamieniliśmy świat w sieć szlaków handlowych drogą powietrzną i morską, stosując niezliczone technologie komunikacyjne. World Wide Web (sieć internetowa) nie jest jedynie wirtualną istotą, która zamieszkuje nasze komputery; jest to nazwa, która opisuje rzeczywistość naszego życia. Fakt ten został uznany wiele lat temu przez socjologów, a także przez kabalistów.

Obecnie globalizacja i współzależność finansowa są dobrze znanymi faktami. Jednakże globalizacja jest czymś o wiele większym, aniżeli tylko współzależność finansowa; pociąga ona za sobą głębokie wymieszanie się kultur, społeczeństw, cywilizacji jako całości, a w efekcie tego - nasz wspólny los. Profesor stosunków międzynarodowych i płodny autor w dziedzinie globalizacji, Anthony McGrew, wypowiedział się bardzo jasno na temat wpływu tego procesu na ludzkie społeczeństwo. W swoim eseju pod tytułem „Globalne społeczeństwo?” pisze: „W porównaniu z poprzednimi epokami historycznymi czasy współczesne wspierają postępującą globalizację interesów ludzkich. Główne instytucje zachodniej nowoczesności - industrializacji, kapitalizmu, państwa narodowego, nabyły w całym okresie XX wieku prawdziwie globalny zasięg. Nie zostało to jednak osiągnięte bez ogromnego kosztu ludzkiego... Podczas gdy wczesne etapy globalizacji doprowadziły do fizycznego zjednoczenia świata, fazy bardziej współczesne przekształciły świat w jeden globalny system, w który to zostały razem wciśnięte poprzednio odrębne historycznie społeczeństwa czy też cywilizacje. To... definiuje o wiele bardziej złożony stan, w którym wzorce ludzkich interakcji, wzajemnych powiązań i świadomości kreują świat jako jedną przestrzeń społeczną". [8]

Kabalista Jehuda Aszlag także rozpoznał te tendencje oraz ich zagrożenia i wyjaśnił je z punktu widzenia ewolucji pragnień. W swoim eseju „Pokój na świecie" Aszlag prezentuje zarówno własną obserwację stanu świata w swoim czasie, jak i podejście, które powinna przyjąć ludzkość, jeśli chce poradzić sobie z sytuacją. W eseju on pisze: „Doszliśmy już do takiego stopnia rozwoju, że cały świat uważany jest za jedną zbiorowość i jedno społeczeństwo. Oznacza to, że ponieważ każdy człowiek na świecie czerpie siłę życiową i utrzymanie ze wszystkich innych ludzi na świecie, zatem jest zmuszony do służby i troski o dobro całego świata". [9]

Następnie Aszlag wyjaśnia, w jaki sposób wszyscy jesteśmy połączeni ze sobą i współzależni, a kończy następująco: „W związku z tym możliwość zapewnienia dobrych, szczęśliwych i spokojnych zachowań w jednym państwie jest nie do zrealizowania, kiedy nie jest tak samo we wszystkich innych krajach na świecie. W naszych czasach [esej powstał w 1934] wszystkie kraje są połączone ze sobą w celu zapewnienia potrzeb życiowych, tak jak byli związani ze sobą członkowie rodzin w dawniejszych czasach. Dlatego też nie możemy już rozmawiać i zajmować się zachowaniami, które gwarantują dobre samopoczucie tylko jednego kraju lub pojedynczego narodu, ale tylko takimi, które gwarantują dobrobyt na całym świecie, ponieważ korzyść lub strata każdego człowieka na świecie zależy i jest mierzona poprzez pryzmat korzyści dla wszystkich ludzi na świecie". [10]

W ostatnim akapicie tej części eseju Aszlag przewiduje, iż samo intelektualne, naukowe zrozumienie tej sytuacji nie będzie wystarczające, aby ludzie zdali sobie sprawę ze swojej współzależności. Raczej same doświadczenia życiowe zmuszą ich do tego: „I choć to [współzależność] jest w rzeczywistości znane i odczuwane, ludzie na całym świecie jeszcze nie zrozumieli tego właściwie... gdyż taki jest bieg rozwoju w przyrodzie, iż działanie [wpływ współzależności na nasze życie] ma miejsce przed zrozumieniem i jedynie działania dowiodą tego i popchną ludzkość do przodu". [11]

Z perspektywy czasu można powiedzieć, iż, niestety, przewidywania Aszlaga ziściły się w więcej niż jednym przypadku w całym okresie XX wieku, i to w najbardziej makabryczny sposób. W „Pokoju na świecie", a także w kilku innych esejach Aszlag przewiduje, co stanie się, jeśli nadal będziemy pozwalać działaniom wyprzedzać zrozumienie. Sugeruje on, w jaki sposób powinniśmy kształtować swoje zachowanie celem stworzenia trwałego, a wręcz pożądanego stylu życia. Teraz, kiedy już rozumiemy naszą współzależność, sugestie tego rodzaju będą tematem dyskusji na resztę książki.

[1]   Elizabeth Arias, Ph.D., "National Vital Statistics Reports," Vol. 56, No. 9 (December 28, 2007): 31-32

[2]   Richard H. Pells, Christina D. Romer (Primary Contributors), "Great Depression," http://www.britannica.com/EBchecked/topic/243118/Great-Depression

[3]   Charles Darwin, *The Works of Charles Darwin, Volume 16: The Origin of Species*, 1876 (NY: NYU Press; Volume 16 edition, February 15, 2010), 167

[4]   (ibid.)

[5]   *Midrash Rabah, Kohelet*, 1:13

[6]   Babylonian Talmud, *Masechet Sukkah*, p 52a

[7]   *Midrash Rabah, Kohelet,* 1:13

[8]   Anthony McGrew, "A Global Society?" in *Modernity and Its Futures,* ed. Stuart Hall (UK: Polity Press in association with Blackwell Publishing Ltd and The Open University, 1992), 65

[9]   Ashlag, "Peace in the World," in *Kabbalah for the Student,* 92

[10]   Ashlag, "Peace in the World," in *Kabbalah for the Student,* 93

[11]   (ibid.)

Rozdział 10
Czas wolnego wyboru

W rozdziale 6 powiedzieliśmy, że w przeciwieństwie do wszystkich innych elementów przyrody ludzie mają zdolność do dokonywania zmian w swoim środowisku. Daje nam to coś, czego nikt inny nie posiada: wolność wyboru. Innymi słowy, ludzie mogą zdecydować się być takimi jak Stwórca – obdarzającymi - i zdobyć władzę oraz wiedzę, jaka z tego wynika, stosując prawo zrzeczenia się własnego interesu na rzecz dobra środowiska. Mogą oczywiście także pozostać takimi, jakimi się urodzili - egocentrycznymi, z ograniczonym zrozumieniem natury, płacąc za swoje błędne decyzje w okresie całej swojej historii. Aby jednak zdecydować się być takim jak Stwórca, który - jak powiedzieliśmy w rozdziale 1 - jest równoznaczny z Naturą, ludzie muszą wiedzieć, co oznacza pojęcie „Stwórca" i jak mogą stać się Jemu podobni.

Powiedzieliśmy także (rozdział 3), że cała rzeczywistość składa się z pojedynczej rozbitej istoty zwanej „rozbita dusza Adama" i że określenie „dusza" odnosi się do pragnienia otrzymywania z intencją obdarzania. Kiedy kabaliści mówią, iż coś jest rozbite, nie odnoszą się do jakiegokolwiek fizycznego uszkodzenia, ale do przerwania powiązań pomiędzy wszystkimi częściami duszy, zbiorowego pragnienia, które stanowi naszą rzeczywistość. Przerwanie to występuje, gdy elementy duszy zaczynają działać we własnym interesie, a nie w interesie całego systemu. Jest to tak, jak w sytuacji, kiedy komórki organizmu zaczynają działać dla samych siebie, w wyniku czego cały organizm umiera i ulega rozpadowi.

Jednak w przeciwieństwie do organizmów dusza nie może się rozpaść, ponieważ stanowi jedno pragnienie. Zatem, kiedy istnieją w niej powiązania, możemy czerpać korzyści z naszego wzajemnego połączenia. Zdrowe komórki korzystają z siebie wzajemnie, wspierając wzajemnie swoje istnienie, natomiast komórki nowotworowe konkurują ze sobą o krew i pożywienie, przez co ciągle szkodzą sobie nawzajem. Co się tyczy ludzkości, nie jesteśmy nawet *świadomi* tego, iż jesteśmy ze sobą połączeni, co z kolei uniemożliwia nam nawet podjęcie prób połączenia się we właściwy sposób.

Jednakże niezależnie od naszej świadomości tego faktu, jesteśmy bardzo ze sobą związani. W dniu 10 września 2009 roku *The New York Times* opublikował artykuł zatytułowany „Czy twoi znajomi czynią cię otyłym?" autorstwa Clive'a Thompsona. [1] W artykule tym Thompson opisuje fascynujący eksperyment przeprowadzony w Framingham w stanie Massachusetts. W ramach eksperymentu pewne szczegóły z życia około 15 000 osób zostały udokumentowane i okresowo rejestrowane przez okres ponad pięćdziesięciu lat. To pozwoliło naukowcom - dr. Nicholasowi Christakisowi, lekarzowi medycyny oraz socjologowi z Harvardu, oraz James'owi Fowlerowi, absolwentowi nauk politycznych Harwardu, na stworzenie mapy wzajemnych połączeń i zbadanie długotrwałego wpływu ludzi na siebie wzajemnie.

Christakis i Fowler ustalili, że istniała sieć powiązań pomiędzy ponad 5 000 uczestnikami eksperymentu. Odkryli, że w sieci tej ludzie nieustannie wpływali na siebie wzajemnie. Efekty tych wpływów zdawały się uwidaczniać nie tylko w kwestiach społecznych, ale, co było zaskakujące, również w sferze czysto fizycznej.

„Analizując dane Framingham", napisał Thompson, „Christakis i Fowler twierdzą, iż po raz pierwszy znaleźli solidne podstawy do potencjalnie ważnej teorii w dziedzinie epidemiologii, a mianowicie, iż dobre zachowania – takie jak rzucanie palenia lub utrzymanie szczupłej sylwetki czy też bycie szczęśliwym - przechodzą od przyjaciela do przyjaciela niemal tak, jakby były zakaźnymi wirusami. Uczestnicy z Framingham, jak dane sugerują, wpływają wzajemnie na swoje zdrowie jedynie poprzez kontakty towarzyskie. To samo było prawdą dla złych zachowań - grupy przyjaciół zdawały się „zarażać" wzajemnie otyłością, nieszczęściem i paleniem. Zachowania zdrowia nie jest tylko kwestią naszych genów i diety, jak się wydaje. Dobry stan zdrowia jest także po części produktem samej bliskości z innymi zdrowymi ludźmi". [2]

Jeszcze bardziej zaskakującym było odkrycie naukowców, iż te infekcje mogą „przeskakiwać" ponad połączeniami. Wyjaśnili oni, że ludzie mogą wpływać na siebie wzajemnie, nawet jeśli w ogóle się nie znają. Ponadto Christakis i Fowler znaleźli dowody takiego zjawiska nawet w oddaleniu trzech stopniu od siebie (przyjaciel przyjaciela naszego przyjaciela). Według słów Thompsona „Kiedy rezydent Framingham stawał się otyły, jego przyjaciele byli o 57 procent bardziej narażeni na otyłość. Jeszcze bardziej zdumiewające... wydawało się to przeskakiwać połączenia między ludźmi. Rezydent Framingham był w przybliżeniu 20 procent bardziej narażony na otyłość, jeśli przyjaciel przyjaciela stawał się otyły, nawet jeżeli przyjaciel „łączący" nie przybierał nawet kilograma na wadze. W rzeczywistości ryzyko otyłości uczestnika wzrastało o 10 procent nawet w przypadku, kiedy przyjaciel przyjaciela jego przyjaciela przybierał na wadze". [3]

Jak Christakis i Fowler opisali to w pracy pt. *Connected: The Surprising Power of Our Social Networks and How They Shape Our Lives* (Połączeni: Zaskakująca moc naszych sieci społecznych i tego, jak kształtują one nasze życie): „Możesz nie znać tego człowieka osobiście, ale współpracownik męża twojej znajomej może uczynić cię otyłym. Natomiast chłopak przyjaciółki twojej siostry może sprawić, iż stracisz na wadze". [4]

Cytując Christakisa, Thompson napisał: „W pewnym sensie możemy zacząć rozumieć ludzkie emocje, takie jak szczęście, w taki sam sposób, jak możemy badać paniczny bieg bizonów. Nie pyta się pojedynczego osobnika ze stada: ‚Dlaczego biegniesz w lewą stronę?' Odpowiedź jest taka, że przecież całe stado biegnie w lewo". [5]

Podobnie w swoim eseju „Wolność" Baal HaSulam pisze: „Ten, kto stara się nieustannie wybierać coraz lepsze środowisko, jest godny pochwały oraz nagrody. Jednakże nie jest to z powodu człowieka dobrych myśli oraz czynów, które przychodzą do niego nie z jego wyboru, ale ze względu na jego starania pozyskania dobrego środowiska, które przynosi mu te dobre myśli oraz czyny". [6]

Tak więc, chociaż istnieją połączenia między nami, jak pokazują powyższe badania, nasz egocentryzm nie pozwala być nam tego świadomymi. „Najdziwniejszym odkryciem Christakisa i Fowlera", pisze Thompson, „jest to, iż pewne zachowania mogą 'przeskakiwać' te połączenia - rozprzestrzeniając się w kierunku znajomego naszego znajomego, bez żadnego wpływu na osobę, która ich łączy. Jeśli ludzie w środku tego łańcucha w jakiś sposób przekazują tę społeczną infekcję, to nie ma sensu, na pierwszy rzut oka, by oni sami również nie ulegali zarażeniu. Ci dwaj naukowcy twierdzą jednak, iż nie mają pewnej wiedzy, w jaki sposób funkcjonuje ten „przeskok" pomiędzy połączeniami". [7]

Rzeczywiście, funkcjonujemy tak, jakbyśmy w ogóle nie byli ze są połączeni, kiedy tak naprawdę wszyscy jesteśmy ze sobą ściśle powiązani. Obecnie nasze wzajemne połączenie stało się już w pełni naszą współzależnością. Dlatego przepaść pomiędzy rzeczywistością a naszym nieustannym jej zaprzeczeniem stwarza realne zagrożenie. Jest to rzeczywista przyczyna ogólnoświatowego kryzysu, jakiego doświadczaliśmy i ciągle doświadczamy.

Obowiązkowy wolny wybór

Na niższych poziomach pragnienia – od Etapu Jeden do Trzy - Natura sama naprawia związki opisane w poprzedniej części książki. W procesie ewolucji elementy przyrody, które przestrzegają zasady zrzeczenia się interesu własnego na rzecz interesu systemu nadrzędnego, są w stanie przeżyć i stanowią podstawę do następnego poziomu ewolucji. Te, które nie rezygnują z własnego interesu, muszą natomiast zginąć.

W ten sposób Natura stopniowo zbudowała wszechświat, galaktyki, nasz układ słoneczny i Ziemię. Następnie warstwa po warstwie, jak opisano to w rozdziale 4, powstało życie na Ziemi.

Jak wymownie wyjaśniła to biolog Sahtouris, początkowo każda nowa istota zachowuje się w sposób egoistyczny, nieświadoma istnienia i potrzeb innych stworzeń. Ale walka pomiędzy stworzeniami zmusza ich do „negocjacji", ostatecznie prowadząc do powstania homeostazy - stabilności niezbędnej do podtrzymania życia.

W ten sposób życie na Ziemi ewoluowało krok po kroku aż do momentu, kiedy na Etapie Cztery ewolucji pragnień pojawił się Homo sapiens. Początkowo ludzie byli tacy sami, jak wszystkie inne stworzenia. Podobnie jak pragnienia rozwijają się w całej Naturze, nasze pragnienia także ewoluowały krok po kroku, od Etapu Zero do Cztery. Na Etapach od Zero do Dwa pragnienia chciwości, kontroli innych i wiedzy nie były wystarczająco silne, aby oddzielić nas od Natury do takiego stopnia, który zagrażałby naszej egzystencji. Tak jak wszystkie inne elementy Natury, byliśmy zmuszeni do negocjowania jako jednej z konieczności życiowych. Jednakże historia pokazuje, iż nie byliśmy aż tak elastyczni i tolerancyjni wobec innych ludzi.

Niemniej, jak opisano w rozdziale 8, w okolicach XV wieku na scenę wkroczył etap trzeci. Od tego czasu pragnienia wyrażania samego siebie i osobistej doskonałości rosły w nas i rozwijały się w sposób wykładniczy.

Istnieje szczególna cecha pragnień uznania i osobistego wyróżnienia. Mimo że pragnienia te odzwierciedlają naszą egocentryczną naturę, ponieważ mają na celu przedstawienie jednostki, która je posiada, jako lepszą od innych, zmuszają też tych, którzy je posiadają, do łączenia się z innymi ludźmi. Dzieje się tak dlatego, że aby być lepszym od innych, człowiek musi mierzyć swoje cechy, osiągnięcia, wysiłki i majątek względem innych. Jeśli nie porównujemy się do innych, to od kogo zatem możemy być lepsi?

Tak więc wyższość *zmusza* do porównań, a tym samym zmusza egocentrycznego człowieka Etapu Cztery do utrwalania połączeń z innymi ludźmi. A im bardziej egocentryczni jesteśmy, tym bardziej chcemy czuć się lepsi od innych i w ten sposób jesteśmy zmuszeni do wzmocnienia naszych połączeń z innymi ludźmi.

W rzeczywistości samo słowo „egocentryczny" sugeruje, iż może także istnieć inne centrum dla naszych myśli, a negatywne piętno egoizmu oznacza, że instynktownie wiemy, jaki kierunek jest dla nas najlepszy - altruizm, bycie skoncentrowanym na innych.

Pytanie brzmi: „Dlaczego nie zachowujemy się jak reszta natury, w sposób, który wydaje się być najlepszy dla nas samych?" Odpowiedź jest taka, iż wydaje się, że najlepiej byłoby, gdyby wszyscy byli altruistyczni, ale (z wyjątkiem nielicznych) z powodu naszego ego chcemy, aby to inni zachowywali się w taki sposób jako pierwsi. Wszyscy zgadzamy się z ideą altruizmu, lecz jesteśmy wręcz sparaliżowani, kiedy przychodzi nam tę ideę wcielić w życie. Do momentu, kiedy nie zobaczymy, że wszyscy tak robią, i nie będziemy wiedzieć na pewno, że nic nie stracimy dając, nie będziemy w stanie niczego dać.

W rezultacie altruizm nie wydaje się być dobrym pomysłem, ale naiwnym, a nawet niebezpiecznym - jeśli miałbym być pierwszy, a potem zostałbym wykorzystany. W konsekwencji naturalny sposób, który wydaje się nam właściwą drogą, jawi się nam jako zupełnie błędny w praktyce. Dlatego wydaje się wysoce nierozsądnym, aby podążać drogą altruizmu.

Niemniej, jak wykazywaliśmy w całej tej książce, *tylko* altruiści są w stanie przetrwać. Jesteśmy ze sobą powiązani i już znacząco wpływamy na siebie wzajemnie, dlatego szkodzimy sobie za sprawą naszych podstępnych zamiarów wobec innych. Innymi słowy, nasz egoizm już odciska na nas swoje piętno, więc jak widzimy, wybór altruizmu jest zarówno obowiązkowy, jak i zupełnie dla nas nieatrakcyjny.

Jednakże właśnie ta nieatrakcyjność sprawia, iż istnieje tutaj wolny wybór. Gdyby było to atrakcyjne, chcielibyśmy to robić niejako automatycznie, podążając za naszymi egocentrycznymi intencjami, a wtedy to już nie byłby dłużej altruizm, lecz ukryty egoizm, co z kolei doprowadziłoby do naszego ostatecznego zniszczenia.

Ale jest jeszcze jeden powód, dla którego wolny wybór jest dla nas koniecznością. Na początku książki powiedzieliśmy, że według Kabały celem stworzenia jest upodobnienie się do Stwórcy, tak jak celem dziecka jest stać się dorosłym, tak jak jego rodzice. I tak jak dziecko musi nauczyć się dokonywać wyborów w sprawach dotyczących życia fizycznego, stworzenie, czyli my, musi nauczyć się dokonywać wyborów w odniesieniu do życia duchowego.

Kiedy kabaliści odnoszą się do życia duchowego, dotyczy to dokonywania wyborów w kwestii tego, czy postępować z pobudek egocentrycznych, czy też z myślą o społeczności, czy wreszcie z myślą o Stwórcy. Decydując się być prospołecznym, człowiek osiąga cel swego istnienia, stając się podobnym do Stwórcy wraz ze wszystkimi możliwościami i obowiązkami, które z tego wynikają.

W rozdziale 2 wspomnieliśmy książkę, napisaną przez Meltzoffa i Prinza, pod tytułem *Perspectives on Imitation* (Spojrzenia na naśladownictwo), gdzie opisano znaczenie naśladownictwa i identyfikacji z modelami zachowań w wychowywaniu dzieci. Jednakże nie tylko dzieci uczą się w ten sposób; *wszyscy uczymy się poprzez naśladownictwo.* Gdybyśmy nie byli pod wpływem wzajemnych pragnień i zachowań, podążanie za modą nie byłoby w ogóle możliwe, ponieważ nikt nikogo by nie naśladował. Co więcej, nie byłoby postępu, ponieważ nic, co mają nasi sąsiedzi, nie wzbudzałoby naszej zazdrości i nie pchałoby nas w kierunku udoskonalania naszego własnego życia. Zatrzymałoby to koła postępu w sposób natychmiastowy. Poprzez dokonywanie aktów altruizmu imitujemy Stwórcę – życiodajną siłę, która tworzy i napędza wszystko, co się wydarza. I tak jak dzieci uczą się, jak być dorosłymi, naśladując ich, tak my nauczymy się, jak być podobnymi do Stwórcy, naśladując Go.

Można dowodzić, iż wiele osób dokonuje aktów altruizmu, jednak żadna z nich nie wydaje się posiadać cech i możliwości Stwórcy. Rzeczywiście, różnica pomiędzy altruizmem, jaki znajdziemy w życiu codziennym u wielu ludzi, a altruizmem, proponowanym przez kabalistów, polega na *intencji*. W „Pokoju na świecie" Baal HaSulam wspomina obecny rodzaj altruizmu: „Nie twierdzę, iż wyjątkowość w nas [odczucie, iż każdy z nas jest niepowtarzalny] nigdy nie będzie funkcjonować w formie obdarzania. Nie można zaprzeczyć, że wśród nas są ludzie, których wyjątkowość także działa w formie obdarzania innych, tacy jak ci, którzy wydają wszystkie swoje pieniądze na rzecz dobra wspólnego, oraz ci, którzy poświęcają wszystkie swoje wysiłki na rzecz wspólnego dobra". [8]

Jednakże kiedy tacy ludzie dobrze czynią innym, robią to, gdyż dzięki temu sami czują się dobrze. W tym właśnie są tacy sami, jak każdy inny egoistyczny człowiek - są egoistami, którzy lubią dawać. Gdyby urodzili się z naturą, którą cieszy ranienie innych, robiliby to tak samo chętnie, jak teraz dają.

Baal HaSulam, a zwłaszcza jego syn Baruch (Rabasz) proponują zupełnie inną motywację do czynienia dobra innym. Sugerują oni, iż ludzie, którzy akceptują zamysł stworzenia i pragną go osiągnąć, powinni połączyć się ze sobą i dokonywać aktów dobroci dla siebie wzajemnie, *aby stać się takimi jak Stwórca*. Oczywiście, są oni tak egoistyczni, jak reszta z nas, ale ich *cel* jest jednak inny.

W czasie „praktykowania" altruizmu ludzie ci odkrywają swoją prawdziwą naturę, naturę Stwórcy, a tym samym nabywają zdolność do swobodnego wyboru. I tak jak dzieci uczą się poprzez naśladowanie, stopniowo nabierając sprawności w miarę „praktyki", ludzie, którzy pragną być takimi jak Stwórca, „ćwiczą" bycie dającymi aż do momentu nabycia takiej natury, a tym samym osiągając cel stworzenia.

Debiut Zoharu

Kilka razy w tej książce wspomniano pozycję nr 38 ze „Wstępu do Księgi Zohar" Aszlaga, gdzie stwierdza on, że „Człowiek [etap czwarty], który może odczuwać innych, potrzebuje wszystkiego, co posiadają inni... i dlatego jest wypełniony zawiścią, gdyż chce zdobyć wszystko, co mają inni. Kiedy ma sto, chce dwieście, stąd też jego potrzeby zawsze ulegają pomnożeniu, aż chce pochłonąć wszystko, co istnieje na całym świecie". [9]

Natomiast wcześniej we wstępie (pkt. 25) Aszlag pisze: „Jako że Zamysłem Stworzenia [celem Stwórcy] było uszczęśliwienie Swoich stworzeń, musiał On stworzyć ogromne pragnienie otrzymania tych wszystkich łask, które są w Zamyśle Stworzenia [aby dał nam nieograniczoną przyjemność]". [10] Dalej pisze on: „Jeśli to olbrzymie pragnienie otrzymywania zginęłoby ze świata, Zamysł Stworzenia nie zostałby zrealizowany, czyli otrzymanie wszystkich wielkich przyjemności, jakimi On zamyślił obdarzyć swoje stworzenia, ponieważ wielkie pragnienie otrzymywania i wielka przyjemność zawsze idą ze sobą w parze. I do takiego stopnia, w jakim pragnienie otrzymywania maleje, zmniejsza się też rozkosz i przyjemność z otrzymywania". [11]

Dlatego też jeśli chcemy stać się podobnymi do Stwórcy, nie wolno nam zmniejszać naszych pragnień. Z drugiej strony, jeśli nie zmniejszymy naszych pragnień, to nasza zdolność do wyeliminowania egocentryzmu i stania się podobnymi do Stwórcy nie powiedzie się, jeśli wszystko, co mamy w naszej 'apteczce', to stare środki na bazie fanatyzmu religijnego, ucisku, tyranii oraz innych 'starych' środków dyscypliny. Metody te były dobre dla „poskromienia" pragnienia otrzymywania w jego wcześniejszych etapach, ale nie wystarczą dla dzisiejszego poziomu pragnienia otrzymywania.

Nowa metoda, świeży sposób działania jest wymagany, coś, co nie będzie próbowało stłumić czegoś niemożliwego do stłumienia, ale będzie w stanie okiełznać nowe siły wywołane przez skrajny egoizm w celu poprawy życia zamiast zniszczenia zarówno ludzkości, jak i naszego patogennego egocentryzmu.

Na Etapie Trzy ewolucji pragnień nasza zazdrość stworzyła powiązany ze sobą i współzależny świat, w którym konkurujemy ze sobą, ale też zależymy od siebie po to, aby przetrwać. W poprzednim rozdziale cytowaliśmy Aszlaga, który napisał: „Ponieważ każdy człowiek na świecie czerpie siłę do swojego życia i swoje utrzymanie od wszystkich innych ludzi na świecie, jest on zmuszony do służenia i do troski o dobrobyt całego świata".

Cytowaliśmy także oświadczenie McGrew, który powiedział: „Ten [jednolity globalny system] definiuje o wiele bardziej złożoną sytuację, w której wzory ludzkiej interakcji, wzajemnych powiązań i świadomości przekształcają świat w jedną wielką przestrzeń społeczną". Te cytaty niezwykle trafnie odzwierciedlają naszą sytuację na początku XXI wieku: jesteśmy ze sobą powiązani, chociaż nienawidzimy siebie wzajemnie.

Taki stan jednoczesnej współzależności i współzawodnictwa doprowadził nas do sytuacji, w której nie jesteśmy ani gotowi negocjować ze sobą, co, jak wyjaśnia Sahtouris, jest koniecznością, ani też nie jesteśmy zdolni odseparować się od siebie, tak jak uczynił to Abraham, kiedy opuścił Babel. Jednak pomimo naszego egocentryzmu nasza współzależność *nakazuje*, abyśmy jakoś znaleźli sposób, aby ze sobą współpracować. Tak więc wydaje się, iż jedynym sposobem wyjścia z tego impasu jest – jak ujął to Aszlag - nauczyć się, jak „służyć i troszczyć się o pomyślność całego świata". [12]

Jak powiedzieliśmy wcześniej, aktualny wzrost narcyzmu nie jest przypadkiem, lecz wynikiem pojawienia się Etapu Cztery w ewolucji pragnień. W Kabale etap ten jest również nazywany „ostatnim pokoleniem". Określenie „ostatnie pokolenie" nie oznacza, iż to pokolenie będzie świadkiem wyginięcia ludzkości. Wręcz przeciwnie, w ostatnim pokoleniu ludzkość powinna zacząć *żyć prawdziwie*, odkrywając swoje rzeczywiste powołanie – stanie się podobnymi do Stwórcy. Określenie „ostatnie pokolenie" oznacza, iż ma to być ostatnia generacja ludzkości przed rozpoczęciem powszechnej naprawy, kiedy już cała ludzkość odkryje życiową siłę napędową - Stwórcę. *Księga Zohar*, jak powiedzieliśmy w rozdziale 8, opisuje to pokolenie w następujący sposób: „Pod koniec dni, w ostatnim pokoleniu, gdy twe dzieło [*Zohar*] pojawi się poniżej [w naszym świecie], dzięki niemu uwolnisz ziemię [wyzwolisz pragnienie od egoizmu, naprawisz je]". [13]

Opisy wydarzeń, które rozegrają się w okresie ostatniego pokolenia, są bardzo liczne, z których większość przewiduje zgubę ludzkości, oferując mnóstwo wyjaśnień co do kwestii, dlaczego mamy wyginąć. W roku 1992 wydawnictwo Chick Publications opublikowało komiksową ewangelię zatytułowaną „Ostatnie pokolenie". Uważam, że duch tego komiksu jest najlepiej odzwierciedlony w słowach jednego z jego bohaterów: „Wkrótce możemy przenieść się do naszych posiadłości w niebie". [14]

Na pewnej stronie internetowej zamieszczono artykuł pod tytułem: „Dziesięć znaków końca czasu". Jego autor stwierdza: „Wierzę, że jesteśmy ostatnim pokoleniem". [15] Tytuł książki *The Last Generation: How Nature Will Take Her Revenge for Climate Change* (Ostatnie pokolenie: Jak natura zemści się za zmianę klimatu) [16], napisanej przez naukowca i dziennikarza Freda Pearce'a, mówi sam za siebie.

Kabaliści także określają te czasy jako „ostatnie pokolenie". W rzeczywistości odnoszą się do okresu końca XX wieku jako do zmierzchu ostatniego pokolenia i sugerują, iż odtąd nadchodzi etap Wieku Naprawy. Hillel Szklower, uczeń wielkiego osiemnastowiecznego kabalisty Eliasza ben Salomona Zalmana (GRA), napisał w przedmowie do swojej księgi *Kol haTor* (*Głos synogarlicy*): „Okres od roku 1241 do lat 90. dwudziestego wieku to czas początku odkupienia..." [17]

Ponadto w rozdziale 1 Szklower pisze: „[co dotyczy] ostatniej generacji, autor [Eliasz ben Salomon Zalman] wyjaśnia, iż ostatnie pokolenie w wersecie 'Abyś mógł powiedzieć to ostatniemu pokoleniu' (Księga Psalmów, 48:14) odnosi się do okresu rozpoczynającego się w roku 1740 i trwającego do lat dziewięćdziesiątych XX wieku". [18]

Podobnie mój nauczyciel - Baruch Aszlag - powiedział mi, że jego ojciec, Baal HaSulam, stwierdził w 1945 roku, iż za pięćdziesiąt lat, czyli w roku 1995 mądrość Kabały rozpocznie swój debiut, a ludzie będą się jej uczyć, ponieważ nadejdzie czas jej ujawnienia. W Kabale okresy takie, jak lata czy dni, często odnoszą się do przejść pomiędzy etapami naprawy, a nie do upływu czasu fizycznego. Stąd też kiedy uczniowie Aszlaga pytali, czy miał na myśli lata fizyczne czy też etapy naprawy, zwykł odpowiadać, iż chodziło mu o lata fizyczne.

Rzeczywiście, w odróżnieniu od większości współczesnych proroctw Kabała przewiduje zupełnie inny scenariusz. Od późnego średniowiecza kabaliści przekonywali, że za pomocą *Księgi*

Zohar ludzie będą mogli badać prawo obdarzania i dzięki temu ludzkość wzniesie się od stanu rozpaczy do wielkiego szczęścia. „Teraz czas nakazuje pozyskiwanie wielu dóbr w wewnętrznej Torze [Kabale]. *Księga Zohar* wytycza nowe ścieżki, ustala trasy, prowadzi autostradę przez pustynię... a wszystkie jej plony gotowe są otworzyć drzwi odkupienia", pisał Raw Kook w *Orot* (*Światła*, 1921). [19] Ponadto „Jeśli mój lud posłuchałby mnie w czasach Mesjasza, kiedy to zło [egoizm] i herezja [nieświadomość Stwórcy - obdarzania] nasilą się, wtedy zagłębiliby się w studium *Księgi Zohar* oraz *Tikkunim* [„Naprawy" – część *Zoharu*], a także pism Ari przez wszystkie swoje dni", napisał Raw Izaak Jehuda Sarfin z Komarna (1804-1876) w *Nocer Hesed* (Zachowując Miłosierdzie). [20]

Ale ponad tym wszystkim było doniosłe osiągnięcie Aszlaga - złożenie kompletnego przekładu *Zoharu* (z aramejskiego, oryginalnego języka księgi na język hebrajski) oraz komentarz do całej księgi, a także nie mniej niż cztery wprowadzenia do niej, aby uczynić ją bardziej przystępną dla naszego pokolenia.

Potrzeba znajomości systemu

Omówiliśmy już, w jaki sposób Etap Cztery wprowadza zasadniczo inne pragnienie w porównaniu do wszystkich poprzednich etapów. Etap ten zachęca nas nie tylko do radowania się życiem, ale też do tego, aby stać się wszechwiedzącymi i wszechmocnymi jak Stwórca. Wyjaśniliśmy również, dlaczego wymagany jest nowy *schemat działania*, aby dokonać niezbędnej naprawy, a przez pojęcie „naprawa" kabaliści nie rozumieją zakazu, ucisku czy też tłumienia wszelkich cech jednostki. Wszelkie próby stłumienia tych cech groziłyby jedynie kolejnym wybuchem jeszcze większych pragnień przy pierwszej ku temu okazji.

Jak wspomniano wcześniej, na Etapie Cztery naprawa musi być dobrowolna. Do tej pory staliśmy się już tak odległymi od Natury, tak oderwanymi od poczucia integralności życia, iż po prostu działamy tylko dla siebie, myślimy tylko o sobie i chcemy wszystko tylko dla siebie, a najgorszym jest to, iż nawet nie wyobrażamy sobie innego sposobu życia. Nie mamy świadomości, iż życie w ten sposób nie może zagwarantować zdrowej egzystencji. Gdyby tak nie było, słowa piosenki (które wspomnieliśmy we wstępie): „Tak, proszę pana, cały świat powinien obracać się wokół mnie", nigdy nie rozbrzmiewałyby w ludzkich sercach.

W każdej dziedzinie życia każdy z nas i całe nasze globalne społeczeństwo stara się osiągnąć maksymalnie tyle, ile tylko możliwe, bez względu na konsekwencje. W naszym życiu osobistym wielu z nas poddaje się temu, co prof. Christopher Lasch określa mianem „kultury narcyzmu". [21] Promujemy się na Facebooku i MySpace, rozwodzimy się z naszymi współmałżonkami szybciej i łatwiej niż kiedykolwiek i poszukujemy coraz bardziej oryginalnych sposobów wyrażania samych siebie.

W odpowiedzi na to wszystko firmy i usługodawcy opracowują coraz bardziej „narcystyczne" metody, aby zaspokoić nasz egoizm, gwałtownie wzmacniając nasze pragnienie osiągnięcia wyjątkowości. Starbucks na przykład w swoim menu oferuje blisko 20 000 różnych mieszanek kawy. Firma Capital One oferuje usługę „Laboratorium karty", gdzie można personalizować swoją kartę kredytową, umieszczając na niej dowolne zdjęcie w tle. Natomiast Facebook jest tak zorientowany na narcyzm, iż jego konstrukcja ma tylko jeden cel - sprzyjać nieustannej autopromocji. Laura Buffardi i prof. W. Keith Campbell opublikowali wyniki swoich badań na Uniwersytecie w Georgii, wyjaśniając, że „Osoby narcystyczne wykorzystują Facebooka w ten sam sposób, w jaki wykorzystują wszelkie inne relacje – dla swojej autopromocji z naciskiem na ilość ponad jakością" [22] (gromadząc tak wielu przyjaciół, jak tylko możliwe na swoich kontach, pomijając fakt, iż tylko nieliczne z tych przyjaźni są rzeczywistymi i trwałymi relacjami).

A ponieważ jesteśmy tak narcystyczni i oderwani od Natury, czujemy, iż nie podlegamy jej regułom i możemy robić to, co nam się tylko podoba (chociaż katastrofy naturalne w ostatnich latach zaczęły już zmieniać ten pogląd). W wyniku tego jedynym sposobem poznania kiedykolwiek, w jaki sposób funkcjonuje Natura, jest dokonanie świadomego, *dobrowolnego* wysiłku, aby się tego uczyć. Wiedza o tym, jak działać w ramach systemu i rezygnować z własnego interesu na rzecz dobra całego systemu, a tym samym otrzymując wsparcie, a nawet uznanie systemu, jest ukryta za zasłoną egocentryzmu, a usunięcie tej zasłony jest właśnie zadaniem Kabały.

Kabaliści, tacy jak Rabasz, wyjaśniają, w jaki sposób możemy naśladować Stwórcę, naśladować *prawdziwy altruizm*, a tym samym wspiąć się do poziomu aktualnie nieodczuwalnego i uczynić go tak namacalnym jak przyroda, którą widzimy przed nami. Bez zobaczenia i poznania drugiej połowy rzeczywistości będziemy nadal błądzić do czasu, aż sprowadzimy takie cierpienia na siebie, iż po prostu będziemy zmuszeni do jej studiowania.

Aby zrozumieć, jak ważna jest ta wiedza w naszym życiu, należy rozważyć następujący scenariusz. Jesteś jaskiniowcem stojącym przed białą, suchą, twardą jak skała ścianą wewnątrz domu. Zza tej ściany wystaje coś, co wydaje się być błyszczącą szarą gałęzią, wykonaną z litej skały, natomiast pnia, z którego ona pochodzi, nigdzie nie widać. Następnie, kiedy tak stoisz tam i patrzysz w oszołomieniu na ten dziwny eksponat, pewna kobieta podchodzi zwyczajnie do tej gałęzi, przekręca ją ręką, jakby była to świeża, mała gałązka, i oto – tryska z niej obficie woda! Pomyślisz zapewne: „Ona musi być Bogiem!”

Ale gdybyś potrafił mówić jej językiem i zapytał ją, jak ona to zrobiła, wtedy wyjaśniłaby, iż owa „gałąź” to coś, co nazywa się „kran”, który łączy się z rurą, która z kolei jest podłączona do większej rury łączącej wszystkie rury ze wszystkich sąsiednich domów, i tak to wygląda aż do samej rzeki. Przy rzece znajduje się duża maszyna, która pompuje wodę z rzeki i wysyła ją przez rury do wszystkich domów w sąsiedztwie.

Bez zrozumienia całego systemu jesteśmy jak ten jaskiniowiec patrzący na widzialny świat w oszołomieniu, próbując wywnioskować, jak to wszystko działa. A bez uczenia się tego od tych, którzy już wiedzą - kabalistów, mamy dokładnie taką samą szansę, aby dowiedzieć się o tym systemie, jaką miałby jaskiniowiec, próbując zrozumieć, w jaki sposób woda w rurach 'podróżuje' od rzeki do wszystkich domów.

Jednakże, a jest to ważne, wszystko powyższe nie oznacza, iż my wszyscy musimy studiować Kabałę lub *Zohar*. Znaczy to jedynie, że będziemy musieli znać podstawowe prawa życia w dzisiejszym świecie, który jest światem ściśle połączonym. Podobnie nie potrzebny jest nam doktorat z fizyki, aby wiedzieć, że nie możemy lewitować w powietrzu, ponieważ istnieje siła, która przyciąga wszystko do ziemi, co z kolei sprawia, iż skakanie z dużych wysokości jest niezwykle niebezpieczne.

Jednak podobnie jak dobrze jest wiedzieć, gdzie można się więcej nauczyć na temat prawa, które ciągnie nas w dół, gdyż dzięki tej wiedzy możemy zrobić przydatne rzeczy, tak samo dobrze jest wiedzieć, gdzie można dowiedzieć się czegoś więcej na temat ukrytej części rzeczywistości, ponieważ wiedząc to, możemy osiągnąć pewne korzyści. Dlatego też uczenie się, jak funkcjonować w połączonym i współzależnym świecie, będzie tematem naszego kolejnego i zarazem ostatniego rozdziału.

[1]   Clive Thompson, "Are Your Friends Making You Fat?", *The New York Times* (September 10, 2009), http://www.nytimes.com/2009/09/13/magazine/13contagion-t.html?_r=1&th&emc=th
[2]   (ibid.)
[3]   (ibid.)
[4]   (ibid.)
[5]   (ibid.)
[6]   Ashlag, "The Freedom," in *Kabbalah for the Student*, 384
[7]   Clive Thompson, "Are Your Friends Making You Fat?", *The New York Times* (September 10, 2009), http://www.nytimes.com/2009/09/13/magazine/13contagion-t.html?_r=1&th&emc=th
[8]   Ashlag, "Peace in the World," in *Kabbalah for the Student*, 96
[9]   Ashlag, "Introduction to the Book of Zohar," in *Kabbalah for the Student*, 128
[10]   Ashlag, "Introduction to the Book of Zohar," in *Kabbalah for the Student*, 122-3
[11]   (ibid.)

[12] Ashlag, "Peace in the World," in *Kabbalah for the Student*, 92

[13] *The Book of Zohar, Tikkuney Zohar* (*Corrections of the Zohar* (part of *The Zohar*), *Tikkun* (Correction) No. 6, p 24a)

[14] Jack T. Chick "The Last Generation," *Chick Publications* (1992), http://www.chick.com/reading/tracts/0094/0094_01.asp

[15] "Ten Signs of the End Times ," http://www.escapeallthe-sethings.com/last-generation.htm

[16] Fred Pearce, *The Last Generation: How Nature Will Take Her Revenge for Climate Change* (USA: Key Porter Books, February 2007)

[17] Hillel Shklover, *Kol haTor* (*Voice of the Turtledove*), 498

[18] Hillel Shklover, *Kol haTor* (*Voice of the Turtledove*), 553

[19] The Rav Raiah Kook, *Orot* (*Lights*), 57

[20] Rav Yitzhak Yehuda Yehiel of Komarno, *Notzer Hesed* (*Keeping Mercy*), Chapter 4, Teaching 20

[21] Christopher Lasch, *The Culture of Narcissism: American Life in an Age of Diminishing Expectations* (USA: Norton & Company, May 17, 1991)

[22] Laura E. Buffardi, W. Keith Campbell, "Narcissism and Social Networking Web Sites," *Personality & Social Psychology Bulletin* 34 (July 3, 2008): 1303-1314, doi:10.1177/0146167208320061, quoted in "Facebook Profiles Can Be Used To Detect Narcissism," *Science Daily* (September 23, 2008): http://www.sciencedaily.com/releases/2008/09/080922135231.htm

Rozdział 11
Nowy schemat działania

Do tej pory bardzo szeroko spojrzeliśmy na historię i strukturę świata z perspektywy Kabały. Opisaliśmy spojrzenie Kabały na rzeczywistość jako jeden twór z ludźmi reprezentującymi najwyższy poziom egzystencji w takim sensie, iż posiadamy najbardziej intensywne i najbardziej narcystyczne pragnienie otrzymywania. Teraz nadszedł czas, aby nakreślić to, co ludzkość jest w stanie uczynić, aby zatrzymać ten negatywny trend, biorąc pod uwagę fakt, iż jesteśmy nieodwracalnie zależni od siebie i wzajemnie ze sobą powiązani. O ile przedstawienie szczegółowego planu „ratunkowego" dla ludzkości na jej obecne i przyszłe kryzysy byłoby poza zakresem treści tej książki, chcielibyśmy wskazać na pewne rozwiązania, które naszym zdaniem mogłyby być wprowadzone na szeroką skalę, a w przypadku właściwego ich zastosowania mogłyby rozwiązać większość z naszych aktualnych problemów.

Chociaż ludzkość ma niewielkie doświadczenie w działaniu jako globalny system, ponieważ jesteśmy przyzwyczajeni do definiowania siebie jako indywidualności lub członkowie różnych grup społecznych, od rodziny do państwa narodowego, aktualna sytuacja wymaga, abyśmy rozszerzyli nasz pogląd w tej kwestii. Większość liderów politycznych i gospodarczych na świecie już potwierdza taką konieczność.

Na przykład Kofi Annan, były sekretarz generalny Organizacji Narodów Zjednoczonych, odniósł się do tej kwestii w komunikacie z okazji pierwszego dorocznego Dnia Współzależności, 12 września 2004 roku: „Nowa era jest już z nami. W przyszłości... świat ulegnie przekształceniu... przez siły globalizacji i rosnącej współzależności narodów świata. Im bardziej stajemy się współzależni, tym więcej decyzji musi być podejmowanych nie przez pojedyncze państwa, ale przez wiele z nich we wspólnym działaniu. Jeśli nie będzie odpowiednio zarządzany, proces ten może pociągnąć za sobą „deficyt demokratyczny", jako że decydenci będą jeszcze bardziej odizolowani i mniej odpowiedzialni wobec ludzi, na których życie mają wpływ. Tak więc wyzwaniem dla nas wszystkich jest zarządzanie naszą zależnością w sposób, który zjednoczy ludzi, a nie oddzieli ich od siebie. Obywatele muszą myśleć i działać globalnie, tak aby wpływać na globalne decyzje". [1] (*Podręcznik współzależności: Patrząc wstecz, żyjąc w teraźniejszości, wybierając przyszłość*, pod redakcją Sondry Myers i Benjamina R. Barbera).

We wrześniu 2008 roku brytyjski premier Gordon Brown poruszył kwestię globalizacji i globalnej odpowiedzialności w kilku swoich wypowiedziach: „Każde pokolenie uważa, że przeżywa zmiany, jakich ich rodzice nigdy nie mogli sobie nawet wyobrazić, ale przy upadkach banków, kryzysie kredytowym, trzykrotnym wzroście cen ropy naftowej, postępie technologii oraz rosnącego znaczenia Azji - nikt obecnie nie może mieć żadnych wątpliwości, iż żyjemy już w innym świecie i jest to obecnie wiek globalny". [2]

Następnie Brown poczynił pewne spostrzeżenia odnośnie tła globalizacji: „A wiemy, że wyzwania, przed którymi stoimy w czasie epoki globalnej, nie pojawiły się w ciągu ostatniego tygodnia czy w ciągu ostatnich miesięcy, ale tak naprawdę odzwierciedlają głębsze zmiany zachodzące w naszym świecie". [3]

Brown ma rację, mówiąc, iż obecnie doświadczamy głębszej zmiany. Kiedy nastąpił Etap Cztery, wywołał pojawienie się kolektywizmu i globalności (trzeba pamiętać, iż *globalność* to stan, w którym proces globalizacji został zakończony, w przeciwieństwie do *globalizmu*, który można porównać do imperializmu czy nacjonalizmu). Ostatni etap w rozwoju człowieka - stanie się podobnym do Stwórcy - nie może zostać osiągnięty w pojedynkę. Wymaga on osiągnięcia jedności wszystkich fragmentów duszy Adama, a dzięki tej jedności możliwym jest ukształtowanie właściwości obdarzania, która jest Stwórcą. Wszyscy jesteśmy częściami pragnienia, które zostało stworzone na czwartym etapie, pragnienia, którego przeznaczeniem jest osiągnięcie celu stworzenia – bycie podobnym do Stwórcy. Stąd też musimy zrekonstruować to rozbite pragnienie, rozbitą duszę wspólnie. I aby to zrobić, musimy zjednoczyć się w tym sensie, iż staniemy się w pełni świadomi naszej jedności i zaczniemy doświadczać prawdy o naszym wzajemnym powiązaniu w bardzo realny sposób, a nie za pomocą naszej obecnej, bardzo ograniczonej percepcji.

Współpraca i samorealizacja

Aby doświadczyć wzajemnego połączenia, musimy działać w jego zakresie nie tylko na poziomie globalnym czy narodowym. Świadomość naszej współzależności powinna być stale obecna w naszych procesach decyzyjnych, a także powinna być nieodłączną częścią działań wynikających z tych procesów. Musimy nauczyć się myśleć jako zespół, który składa się z wielu współpracujących ze sobą jednostek, a nie z odrębnych i jedynie przypadkowo współdziałających ze sobą indywidualności. Aby to osiągnąć, musimy zacząć dostrzegać korzyści wynikające z takiej współpracy.

Przeprowadzono do tej pory wiele różnych eksperymentów dotyczących korzyści współpracy w systemie edukacji. W eseju zatytułowanym *An Educational Psychology Success Story: Social Interdependence Theory and Cooperative Learning* (Pomyślna historia psychologii edukacyjnej: Teoria współzależności społecznej i kooperatywnej nauki) profesorowie Uniwersytetu w Minnesocie David W. Johnson i Roger T. Johnson przedstawili przekonujące argumenty przemawiające za teorią „współzależności społecznej". Według ich słów „Ponad 1200 badań naukowych zostało przeprowadzonych w ciągu ostatnich 11 lat na temat działań kooperacyjnych, konkurencyjnych oraz indywidualistycznych. Wyniki tych badań potwierdziły, zmodyfikowały, wyklarowały i poszerzyły tę teorię". [4]

Johnson i Johnson wyjaśniają, iż „społeczna współzależność ma miejsce wtedy, kiedy osiągnięcia jednostek są zależne od działań ich samych oraz innych". [5] Jest to przeciwne do zależności, gdzie strona A zależy od strony B, lecz strona B może nie być zależna od strony A. „Istnieją dwa rodzaje współzależności społecznej", twierdzą uczeni, „pozytywna (kiedy działania jednostek wspierają osiągnięcie wspólnych celów) i negatywna (kiedy działania jednostek utrudniają osiąganie wspólnych celów)". [6]

Jeśli ponownie spojrzymy na eksperyment Christakisa-Fowlera, który przytoczyliśmy w poprzednim rozdziale, oraz weźmiemy pod uwagę niezmienne stwierdzenie kabalistów, iż wszyscy jesteśmy częściami jednej istoty, staje się jasnym, że obecnie działanie w sposób indywidualistyczny jest nie tylko nierozsądne, ale jest też niczym innym, jak bombą z zapalnikiem czasowym. Takie postawy nie biorą pod uwagę rzeczywistości ogólnej globalizacji, dotyczącej wszystkich przedstawicieli rodzaju ludzkiego. A kiedy ignoruje się ten fakt, rzeczywistość ostro nas wtedy koryguje, jak wyraźnie pokazał to kryzys finansowy z 2008 roku.

Po ustaleniu znaczenia pojęcia współzależności Johnson i Johnson przeszli do porównania skuteczności kooperacyjnego uczenia się z powszechnie stosowanym sposobem nauki indywidualnej i konkurencyjnej. Wyniki były jednoznaczne. W kategorii indywidualnej odpowiedzialności doszli do wniosku, iż „Pozytywna współzależność, która wiąże członków grupy ze sobą, przyczynia się do poczucia odpowiedzialności za: a) ukończenie własnego udziału w pracy oraz b) ułatwienie pracy innym członkom grupy. Ponadto, gdy wydajność jednego człowieka wpływa na rezultaty pracy jego współpracowników, osoba ta czuje się odpowiedzialna za dobro współpracowników jak za swoje własne. Zrobienie zawodu samemu sobie jest złe, ale zrobienie zawodu innym jest jeszcze gorsze". [7] Innymi słowy, pozytywna współzależność zmienia indywidualistów w ludzi opiekuńczych i współpracujących ze sobą, co jest całkowitym przeciwieństwem obecnego trendu rosnącego indywidualizmu aż do osiągnięcia punktu narcyzmu.

Johnson i Johnson definiują pozytywną współzależność jako „pozytywną korelację pomiędzy osiąganiem celów przez jednostki. Jednostki dostrzegają, iż mogą osiągnąć swoje cele wtedy i tylko wtedy, gdy inne osoby, z którymi są powiązane, osiągają swoje cele". [8] Natomiast negatywną współzależność określają jako „negatywną korelację pomiędzy osiąganiem celów przez jednostki. Jednostki dostrzegają, że mogą osiągnąć swoje cele wtedy i tylko wtedy, gdy inne osoby, z którymi są powiązane, nie są w stanie osiągnąć swoich celów". [9] Globalizacja niesie za sobą pozytywną współzależność. Innymi słowy, albo wszyscy osiągniemy nasze cele, albo żadnemu z nas się to nie powiedzie.

W celu wykazania korzyści wynikających ze współpracy naukowcy zmierzyli osiągnięcia studentów, którzy współpracowali ze sobą, w porównaniu do osiągnięć tych, którzy ze sobą jedynie rywalizowali. „Przeciętna osoba współpracująca, jak stwierdzono, osiągnęła wynik o dwie trzecie standardowego odchylenia wyższy od wyniku przeciętnej osoby działającej w środowisku konkurencyjnym lub indywidualistycznym". [10]

Aby zrozumieć sens takiego odchylenia powyżej średniej, należy mieć na uwadze, że jeśli na przykład dziecko jest uczniem trójkowym, to dzięki współpracy jego lub jej oceny podskoczą do średniej oceny, bardzo dobrej. Ponadto napisano, iż: „Współpraca w porównaniu z wysiłkami indywidualnymi lub konkurencyjnymi ma tendencję do wspierania pamięci długoterminowej, prowadzi do większej wewnętrznej motywacji oraz oczekiwania sukcesu, bardziej twórczego myślenia... i bardziej pozytywnych postaw wobec zadań do wykonania oraz samej szkoły". [11]

W poprzednim rozdziale powiedzieliśmy, że poprzez dokonywanie aktów altruizmu naśladujemy Stwórcę - życiodajną siłę, która tworzy i napędza wszystko, co się wydarza. Powiedzieliśmy także, że podobnie jak dzieci stają się dorosłymi, naśladując dorosłych, tak i my staniemy podobnymi do Stwórcy, naśladując Stwórcę. Nie będąc tego świadomymi, poprzez współpracę uczniowie ci naśladowali prawo obdarzania, gdzie interes własny ustąpił wobec interesu całego środowiska, które stanowiły uczące się grupy. W rezultacie zamiast osiągnięcia wyników zgodnych ze średnimi możliwościami grupy, uczniowie ci stali się uczniami bardzo dobrymi.

Jednak to, co oni osiągnęli, blednie w porównaniu z korzyściami, jakie ci uczniowie mogliby osiągnąć, gdyby działali dokładnie *w celu naśladowania prawa obdarzania*. W takim przypadku odkryliby to prawo i osiągnęliby cel stworzenia, a mianowicie staliby się podobnymi do Stwórcy.

Dzieci naśladują modele, którymi chcą się stać, czy jest to gwiazda pop, znany sportowiec lub inna osoba, którą podziwiają. Podobnie musimy wiedzieć, iż chcemy być takimi jak Stwórca, aby stać się Nim. To nie może zdarzyć się niejako „przez pomyłkę". O ile korzystne było zachowanie dzieci podczas eksperymentu, aby mogło mieć trwały efekt, muszą one to robić z zamiarem odkrycia prawa zrzeczenia się własnego interesu dla dobra systemu, a także aspirować do niego i stawać się takim jak ono. W przeciwnym razie ich ego ponownie weźmie górę, tak jak wszyscy inni ludzie są pokonywani przez własne ego, i utracą wszelkie korzyści, jakie oferuje współzależność społeczna.

Jedna z dwóch ścieżek

Powyższy fragment opisał osobiste korzyści wynikające ze współpracy. Johnson i Johnson udowodnili, że jest bardziej opłacalnym pracować w grupie aniżeli w pojedynkę. Zatem dlaczego nie współpracujemy ze sobą przez cały czas? Jeżeli jesteśmy zbudowani z pragnienia otrzymywania, a możemy otrzymać więcej dzięki współpracy, to dlaczego nie współpracujemy ze sobą nieustannie? Co takiego jest w naszej naturze, że pomimo faktu, iż ponad 1200 badań dowiodło wyższość współpracy nad działaniem samodzielnym, nie zastosowaliśmy tych metod w całym naszym systemie edukacji? I dlaczego szkoły (a także cały system edukacji), media, sport, polityka nadal promują konkurencyjność oraz indywidualistyczne zachowania, wychwalając sukcesy jednostek? Dlaczego zatem nie wychwalać ludzi, którzy promują wzajemne powiązanie i współpracę, jeśli dowody wskazują, iż takie działania byłyby dla dobra wszystkich?

Powodem tego jest fakt, iż na czwartym etapie nie jesteśmy już dłużej zadowoleni z osiągania więcej. Większe osiągnięcia były tym, co chcieliśmy uzyskać na trzecim etapie. Na Etapie Cztery natomiast naszym głównym pragnieniem jest osiągnięcie *więcej niż inni*. Chcemy być wyjątkowi i najlepsi, tacy, jakim jest Stwórca. Tak więc możemy przedstawić twarde, niepodważalne dowody na to, że lepiej współpracować niż działać samemu, ale bez *poczucia*, że naprawdę tak jest, nasze ego nie podda się takiemu pomysłowi. Na Etapie Cztery wszelkie rozwiązania muszą najpierw zaspokoić ego człowieka, zanim będziemy mogli zastosować tę taktykę w życiu codziennym, aby zwiększyć nasze osiągnięcia.

W odniesieniu do powyższego akapitu w „Pokoju na świecie" Baal HaSulam szczegółowo opisuje nasze poczucie wyjątkowości: „Naturą każdego człowieka jest wykorzystywanie życia wszystkich innych ludzi na świecie dla swojej własnej korzyści. A wszystko, co daje się drugiemu, wynika z konieczności, a nawet wtedy obecne jest wykorzystywanie innych, jednakże odbywa się to chytrze - tak, aby bliźni nie zauważył tego i chętnie zgadzał się na wszystko. Powodem tego, wyjaśnia on, „jest to, że... ponieważ dusza człowieka pochodzi od Stwórcy, który jest Jedyny i Wyjątkowy [w odniesieniu do jednolitego prawa obdarzania, które stwarza i podtrzymuje świat], ...człowiek... czuje, iż wszyscy ludzie na świecie powinni być jemu poddani i istnieć wyłącznie dla jego własnej korzyści. I jest to prawo niezłomne. Jedyna różnica tutaj polega na wyborze samych ludzi: ktoś decyduje się wykorzystywać ludzi dla zaspokojenia pragnień niższych, inny dla osiągnięcia władzy, natomiast jeszcze inny dla otrzymania szacunku. Co więcej, jeśli człowiek mógłby zrobić to wszystko bez większego wysiłku, zgodziłby się bez wahania wykorzystać cały świat dla wszystkich tych trzech rzeczy jednocześnie - bogactwa, władzy i szacunku. Jednakże jest on zmuszony do dokonania wyboru w zależności od swoich możliwości i zdolności. Prawo to można nazwać „prawem wyjątkowości w sercu człowieka". Żaden człowiek nie może przed tym uciec i każdy ma swój udział w tym prawie". [12]

W dniu 15 października 2006 roku Sam Roberts z *The New York Times* opublikował artykuł zatytułowany „Bycie w związku małżeńskim oznacza bycie w mniejszości" [13], w którym odniósł się do spisu wspomnianego we wstępie książki. W artykule tym można przeczytać, iż „Małżeństwa, których liczba stale spada od dziesięcioleci, stały się ostatecznie mniejszością w związkach międzyludzkich... *The American Community Survey*, wydany... przez Census Bureau, ...wskazał, że 49,7 procent [z] gospodarstw domowych w 2005 roku składało się z małżeństw... co jest spadkiem w porównaniu do ponad 52 procent pięć lat wcześniej". Co więcej, Roberts ujawnił, iż „Liczba nieformalnych związków rośnie. Od roku 2000 liczba tych, którzy określają siebie jako pary stanu wolnego płci przeciwnej, wzrosła o około 14 procent, w przypadku samych mężczyzn był to 24 procentowy wzrost, natomiast w przypadku kobiet - 12 procentowy".

Baal HaSulam pisał dość obszernie na temat stylu życia, jaki przewidywał dla ludzi w okresie naprawy, która rozpoczęła się w drugiej połowie XX wieku, jak już wspomniano w poprzednim rozdziale. W swoich „Pismach ostatniego pokolenia" Baal HaSulam opisuje dwa sposoby, dzięki którym ludzkość może odkryć prawo obdarzania (które nazywa „pełnią" w swoim tekście) - ścieżka Światła (obdarzania) oraz ścieżka cierpienia. Cytując jego słowa: „Powiedziałem już, iż istnieją dwa sposoby na to, aby odkryć pełnię: droga Światła i droga cierpienia. Stąd też Stwórca dał ludzkości technologię... [która, jak mówi, sama w sobie nie jest zła], dzięki której odkryto atom i wynaleziono bombę wodorową. Jeśli całkowite zniszczenie, jakie ludzie mogą spowodować, wciąż nie jest dla świata widoczne, mogą oni [ludzie] czekać na trzecią wojnę światową czy też czwartą i tak dalej. Bomby zrobią swoje, a ci, którzy pozostaną po zniszczeniach, nie będą mieli innego wyboru, jak tylko wziąć na siebie tę pracę, gdzie jednostki i narody będą pracować dla samych siebie w stopniu, nie większym niż jest to jedynie niezbędne dla ich przetrwania, robiąc wszystko inne dla dobra pozostałych [zgodnie z prawem zrzeczenia się interesu własnego na rzecz dobrobytu systemu nadrzędnego]. Jeśli wszystkie narody świata zgodzą się na to, wtedy nie będzie już więcej wojen na świecie; żaden człowiek nie będzie już dłużej zainteresowany swoim własnym dobrem, lecz tylko dobrem innych". [14]

Aszlag podsumowuje ten akapit następującymi słowami: „Jeśli podążycie ścieżką Światła, wszystko będzie dobrze, natomiast jeśli nie, wtedy będziecie podążać ścieżką cierpienia. Innymi słowy, wybuchną kolejne wojny, a cały świat będzie szukać sposobu ucieczki przed tymi wojnami. Wtedy to przyjdą oni do Mesjasza [siła, która wyciąga z egoizmu, jak wyjaśniono w rozdziale 8]... a on nauczy ich tego prawa [obdarzania]". [15]

Podsumowując, *musimy* stać się podobnymi do Stwórcy! Pozostaje tylko pytanie: „Jak chcemy się do tego zabrać?"

Przyjęcie prawa Natury za przewodnika

Zakładając, iż wojna światowa, a tym bardziej wojna atomowa, jest mało pożądaną opcją do rozważenia, jest znacznie korzystniej zbadać inną możliwość – ścieżkę Światła. W rozdziale 2 powiedzieliśmy, że określenie „Światło" odnosi się do odczucia wielkiej rozkoszy, jakiego doświadcza pragnienie otrzymywania (będące naszą istotą), kiedy jest wypełnione przyjemnością. Teraz możemy dodać, że przyjemność ta jest odczuwana, kiedy osiągamy właściwość Stwórcy, ponieważ jest to tym, czego chcemy na naszym obecnym etapie pragnienia.

Aby otrzymać Światło, nie musimy wszyscy studiować Kabały. Musimy po prostu *naśladować* prawo obdarzania, wiedząc, co naśladujemy i co chcemy osiągnąć w ten sposób. Podobnie jak dzieci uczą się poprzez naśladowanie dorosłych, aby nabyć właściwość obdarzania, musimy imitować ją w naszych wzajemnych relacjach.

Księga *Szamati* (*Usłyszałem*) zawiera mowy, jakie wygłosił Jehuda Aszlag przy różnych okazjach. Zostały one spisane przez jego syna i wielkiego kabalistę Rabasza. W artykule 7 zatytułowanym „Nawyk staje się drugą naturą" Baal HaSulam stwierdza, iż: „Poprzez przyzwyczajenie się do jakiejś rzeczy, rzecz ta staje się drugą naturą człowieka. ...Oznacza to, że chociaż człowiek nie czuje jeszcze tej rzeczy [w odniesieniu do prawa obdarzania], poprzez przyzwyczajanie do niej może jednakże zacząć jej doświadczać". [16]

Naśladowanie właściwości obdarzania w celu jej osiągnięcia może wydawać się uproszczeniem i czymś naiwnym, ale na naszym obecnym poziomie egocentryzmu szybko staje się niemożliwym, aby pozytywnie odnosić się do *jakiejkolwiek* innej osoby, z wyjątkiem sytuacji, jak mówi Aszlag: „Z konieczności; ale nawet wtedy ma miejsce wykorzystywanie innych, jednak odbywa się chytrze, aby jego bliźni tego nie zauważył i chętnie zgodził się na to". [17]

Rozwiązanie tego problemu zasugerował Baal HaSulama w piśmie *Naród* opublikowanym w roku 1940 (zobacz Rozdział 2, „Etap Zero i Jeden"), gdzie pisał, iż należy „jeszcze raz pójść do szkoły". [18] Innymi słowy, musimy nauczyć się podstawowych praw natury oraz tego, co jest celem życia:

1. U podstaw całej rzeczywistości znajduje się pragnienie obdarzania znane jako „Stwórca".
2. W głębi serca człowieka leży pragnienie otrzymywania tego, co pragnienie obdarzania chce dać – całkowitą władzę, całkowitą świadomość i całkowite zarządzanie.

3. Aby otrzymać dary opisane w punkcie powyżej, należy stać się takim jak pragnienie obdarzania – Stwórca, i w ten sposób automatycznie posiadać to, co posiada Stwórca. Taki jest cel życia.

Kiedy już zdamy sobie sprawę, że istnieje większa nagroda w zachowaniu kooperacyjnym niż w indywidualizmie, stanie się dużo łatwiejszym, aby ze sobą współpracować i dzielić się osiągnięciami, jak opisano to w pracy Johnsona i Johnsona. Bez takiej świadomości naszemu ego będzie coraz trudniej to uczynić, a ostatecznie w ogóle nam to uniemożliwi, pomimo oczywistych korzyści z tego wynikających.

W dość malowniczym opisie sprawowania kontroli ego nad nami Baal HaSulam pisze, iż egoizm jest złą skłonnością i że zbliża się do nas, trzymając miecz z trucizną na jego końcu. Opisuje on, w jaki sposób człowiek jest zauroczony tym mieczem i staje się niewolnikiem własnego ego, chociaż wie, iż „w końcu gorzka kropla na czubku miecza dosięgnie go, a to dopełni oddzielenia jego [od Stwórcy] do ostatniej iskry jego tchnienia życia". [19]

Powyższy akapit mógłby skłonić do wniosku, iż Baal HaSulam sądzi, że wszystko jest stracone i jesteśmy już skazani na cierpienie. Ale wcale tak nie jest. Mamy wysoce skuteczny środek, którego możemy użyć dla własnej korzyści: społeczeństwo. Wspomniano już w skrócie o wpływie społeczeństwa, ale prawdą jest, że społeczeństwo ma taką władzę nad nami, iż może ukształtować nas w sposób, jaki tylko zapragnie.

W *Pismach Baal HaSulama* Aszlag stwierdza: „Największą ze wszystkich przyjemności, jaką można sobie wyobrazić, jest bycie wyróżnionym przez ludzi. Warto jest więc poświęcić całą swoją energię oraz inne cielesne przyjemności, aby uzyskać pewną dozę tego wspaniałego odczucia. Jest to pewien magnes, który przyciągał największych ze wszystkich pokoleń i dla którego bagatelizowali oni życie cielesne". [20]

Dlatego też, aby zmieniać nasze zachowania społeczne, musimy zmienić nasze *środowisko społeczne,* opuszczając to, które promuje indywidualność, a decydując się na to, które gloryfikuje wzajemność. Praktycznie rzecz biorąc, możemy wykorzystać media, aby pokazać, w jaki sposób praca w grupie daje lepsze rezultaty aniżeli praca indywidualna oraz w jaki sposób współzawodnictwo jest szkodliwe dla własnej kariery, zdrowia, a nawet bogactwa. Jeśli uważamy, iż jest to niemożliwe, dzieje się tak dlatego, iż media obecnie mówią nam, że jest to niewykonalne. Ale co, jeśli mówiłyby nam coś zupełnie innego? Musimy działać na bazie stanu naprawionego, a wtedy ten naprawiony stan ujawni się w nas.

Natura ludzka jest egoistyczna, więc naturalnie dążymy do izolacji i rywalizacji. Jednakże istota całej Natury jest holistyczna, stąd oczywiście skłania się ku współpracy. Działanie jak reszta Natury, pomimo naszej wrodzonej tendencji, aby tego nie robić, to nasza wolna wola i to właśnie ona uczyni nas podobnymi do Natury (Stwórcy). Skorzystanie ze środowiska społecznego w celu zachęcenia nas do podążania w tym kierunku jest tym narzędziem, jakiego nie możemy pominąć.

Zastosowanie zmian w życiu

Nie musimy szukać daleko, aby znaleźć sposoby wdrożenia zasad obdarzania w nasze życie. Kiedy Christakis i Fowler dokonali swoich zdumiewających odkryć, dotyczących znaczenia sieci ludzkiej, opierali się na istniejących danych, które zostały zebrane do zupełnie innego celu, a mianowicie do projektu o nazwie Framingham Heart Study, czyli projektu, którego celem było zrozumienie przyczyn chorób serca. Powód, dla którego naukowcy z Framingham Heart Study nie odkryli znaczenia ludzkiej sieci - tego, iż „zarażamy się" nawzajem psychologicznie prawie tak samo, jak fizycznie, jest bardzo prosty: wcale nie szukali oni takiej zależności.

Podobnie istnieje wiele sposobów, aby zaobserwować efekty prawa obdarzania, jeśli tylko poszukamy ich podczas analizy istniejących danych. Teoria współzależności społecznej, demonstrowana tutaj przez Johnsona i Johnsona, jest jednym ze sposobów obserwacji wpływu tego prawa na systemy, ale istnieje jeszcze wiele innych metod, aby je zaobserwować. W moich rozmowach z prof. Erwinem Laszlo, filozofem nauki i teoretykiem systemowym, doszliśmy do całkowitego porozumienia, ponieważ każdy teoretyk systemowy wie, iż żaden system nie może przetrwać, jeśli jego elementy składowe nie podporządkowują się interesowi całego systemu.

Podobna zgoda miała miejsce w moich rozmowach z biologiem ewolucyjnym Elisabet Sahtouris, z prymatologiem Jane Goodall i wieloma innymi naukowcami. W rzeczywistości każdy fizyk, badacz sieci czy biolog wie, że aby utrzymać system w równowadze lub „homeostazie", interes całego systemu musi być ważniejszy niż interes poszczególnych jego składowych. Każda dziedzina nauki odnosi się do tej zasady, używając innej nazwy, natomiast Kabała nazywa tę zasadę „prawem obdarzania". Zasadniczo są to jednak nazwy wskazujące na różne przejawy tego samego prawa.

Wcześniej w tej książce opisaliśmy poglądy awangardowego fizyka kwantowego Wernera Heisenberga, który stwierdził, iż: „Jedność i komplementarność stanowią całą rzeczywistość". [21] Podobne słowa zostały wypowiedziane przez jemu współczesnych Erwina Schrödingera oraz Alberta Einsteina. Inne nauki współczesne, takie jak nauka sieci i oczywiście teoria chaosu z jej efektem motyla, traktują jedność i współzależność jako fakt oczywisty.

Z negatywnej strony skutki nieprzestrzegania prawa obdarzania są oczywiste. Rosnąca alienacja w społeczeństwie i eskalacja izolacjonizmu na poziomie międzynarodowym, o czym świadczą publikacje, takie jak *Kultura narcyzmu* Christophera Lascha, *Epidemia narcyzmu* [22] Twenge i Campbella [23] oraz praca: „O niejasności socjologicznej analizy kultury narcyzmu" [24] autorstwa J. Valadeza i R. Cligneta, wyraźnie wskazują na nasz kiepski stan zdrowia społecznego.

Rzeczywiście, niekorzystne skutki narcyzmu zaczynają uwidaczniać się na poziomie międzynarodowym, pomimo wielokrotnych deklaracji wspierania jedności, takich jak te cytowane wcześniej w niniejszym rozdziale. W dniu 3 grudnia 2009 roku artykuł *Associated Press* informował: „Izolacjonizm Amerykanów szybuje". [25]

Sondaż przeprowadzony przez Pew Research Center wskazał, iż: „Amerykanie odwracają się od świata, wskazując tendencję do izolacjonizmu w sprawach zagranicznych, który podniósł się do najwyższego poziomu od czterech dekad". [26] Sondaż ten pokazał także, iż „49 procent badanych było zdania, iż Stany Zjednoczone powinny 'pilnować swojego własnego interesu' na arenie międzynarodowej i pozwolić innym krajom dogadywać się najlepiej, jak tylko potrafią na własną rękę".

Innym, jeszcze bardziej niepokojącym aspektem naszej alienacji jest głód. Wcześniej w tej książce przedstawialiśmy alarmujące statystyki, które mówiły, że ponad miliard ludzi na całym świecie cierpi z powodu głodu. Ale chyba jeszcze bardziej zaskakującym jest fakt, że w Stanach Zjednoczonych „liczba gospodarstw charakteryzujących się 'bardzo niskim stopniem bezpieczeństwa żywnościowego' - co oznacza, że spożycie żywności zostało ograniczone z powodu braku pieniędzy - podskoczyła z 4,7 mln w 2007 roku do 6,7 mln w 2008 roku, a liczba dzieci będących w takiej sytuacji wzrosła z 700 000 do prawie 1,1 mln" - według doniesień *Los Angeles Times* w artykule zatytułowanym „Rosnąca fala głodu". [27]

Zaledwie dziesięć dni przed pojawieniem się powyższego artykułu Jason DeParle z *The New York Times* opublikował esej zatytułowany „Głód w USA największy od 14 lat", w którym stwierdził, iż „liczba Amerykanów mieszkających w gospodarstwach, którym brakowało stałego dostępu do odpowiedniej ilości żywności, wzrosła w ubiegłym roku do 49 mln - najwięcej od czasu, kiedy rząd zaczął śledzić zjawisko, które nazywa ,bezpieczeństwem żywnościowym'... poinformował Departament Rolnictwa". [28]

Jednak problemem nie jest brak żywności, lecz brak wzajemnej odpowiedzialności i podstawowego zrozumienia, iż albo przeżyjemy razem, albo razem zginiemy, ponieważ takie właśnie jest prawo życia. Nie brakuje żywności w Stanach Zjednoczonych, ale z pewnością brak jest tam współpracy. W dniu 1 stycznia 2009 roku Andrew Martin z *The New York Times* napisał: „Nadmiar mleka i jego różnorodnych przetworów, takich jak mleko w proszku, masło i białko serwatkowe - doprowadził do nagłego spadku cen". [29] Martin wyjaśnił także, iż produkty mleczne były przechowywane w magazynach i celowo nie były dostarczane do sklepów w celu zapobieżenia dalszemu spadkowi cen. Jak trudnym mogło być znalezienie satysfakcjonującego rozwiązania w celu zagwarantowania stabilności finansowej rolników, a jednocześnie nie pozbawiając milionów Amerykanów podstawowego produktu, takiego jak mleko? Oczywiście, jeśli stosowalibyśmy prawo obdarzania, nawet tylko na obszarze USA, takie absurdy nie miałyby miejsca.

Zatem zarówno przejawy postępowania według prawa obdarzania (i jego fizyczne zastosowanie w poświęcaniu własnego interesu na rzecz dobra systemu), jak i przejawy łamania tego prawa są powszechne w naszym świecie. Wszystko, czego potrzebujemy, aby zdać sobie sprawę z jego uniwersalności, to świadomość jego istnienia i, aby to osiągnąć, musimy zacząć od edukacji.

Wychowywanie dzieci w kierunku wzajemnej odpowiedzialności

Wielki kabalista Raw Abraham Kook (1865-1935, znany jako pierwszy naczelny rabin Izraela) pisał wielokrotnie, że w XX wieku wszyscy powinniśmy studiować Kabałę. Jednak w wielu przypadkach wyraźnie wskazywał też, iż musimy wypracować nowe metody nauki. W liście opublikowanym w księdze *Listy* pisał: „Pragnę przebudzić wszystkich młodych ludzi, którzy chcą iść w stronę życia duchowego. Musimy nabyć umiejętności literackie, żywy i barwny styl w prozie i alegoriach. Jeśli ktoś z nas skłania się ku poezji, niech nie zaniedbuje swojego daru. ...Musimy przygotować naszą aktualną broń - pióro. Musimy przetłumaczyć całość naszego świętego skarbu na nowoczesny styl, ...aby przybliżyć go ludziom współczesnym". [30]

Podobnie we „Wstępie do księgi *Panim Meirot uMasbirot*" Baal HaSulam pisał: „Musimy założyć seminaria i tworzyć książki, aby przyspieszyć rozpowszechnianie mądrości". [31]

Udostępniając teksty kabalistyczne, Aszlag i Kook pragnęli, aby mądrość Kabały była powszechna, tak aby ludzie mogli poznać podstawowe prawa życia i wiedzieli, w jaki sposób zachowywać się wobec rosnącego poziomu egoizmu. Jeśli ich rady byłyby wzięte pod uwagę, Kabała zostałaby spopularyzowana już sto lat temu, a ludzie wiedzieliby o prawie obdarzania, zanim miały miejsce wszystkie okrucieństwa II wojny światowej.

Jednakże istnieje pewna zasada w Kabale, która mówi: Nigdy nie patrz wstecz z żalem - weź jedynie to, co można z przeszłości, aby przygotować się na przyszłość. Z pewnością nie jest zbyt późno, aby zacząć informować ludzi o ukrytych prawach Natury, które mają wpływ na nasze życie w bardzo realny sposób. Podobnie jak każdy uczy się podstawowych praw fizyki i biologii w szkole, młodzi ludzie obecnie powinni uczyć się podstawowych praw Natury.

W szkole zasady teorii współzależności społecznej mogą być wspaniałym początkiem takiej edukacji, jeśli połączymy je ze zrozumieniem ostatecznego celu życia. Jeśli dzieci zastosują te zasady w procesie nauki, skorzystają na tym w wielu innych aspektach, a nie tylko w wymiarze edukacyjnym. W przywoływanych powyżej badaniach Johnson i Johnson doszli do kilku daleko idących wniosków:

- „Kooperatywne doświadczenia prognozowały predyspozycje do współpracy, brak predyspozycji indywidualistycznych oraz zaangażowanie w zachowania prospołeczne. Kooperatywne predyspozycje prognozowały zaangażowanie w zachowania prospołeczne oraz brak zaangażowania w agresję z zamiarem wyrządzenia krzywdy". [32]

- „Jeśli szkoły chcą zapobiegać prześladowaniom i wzmocnić zachowania prospołeczne, wykorzystanie zasad wspólnego uczenia się oraz pomoc uczniom w działaniach, mających na celu podjęcie współpracy, wydają się być kluczowymi strategiami". [33]

- „Praca wraz z rówieśnikami oraz docenianie współpracy skutkuje lepszym zdrowiem psychicznym aniżeli w przypadku konkurowania z rówieśnikami czy też pracy indywidualnej. Postawy współdziałania były silnie skorelowane z szeroką gamą wskaźników zdrowia psychicznego. Dokładniej rzecz ujmując, współdziałanie jest pozytywnie związane z dojrzałością emocjonalną, z dobrze dostosowanymi stosunkami społecznymi, z silną własną tożsamością, ze zdolnością do radzenia sobie z przeciwnościami losu, z kompetencją społeczną, z podstawowym zaufaniem i optymizmem wobec ludzi, pewnością siebie, niezależnością i autonomią, wyższą samooceną i umiejętnością nabrania perspektywy". Z drugiej strony „Postawy indywidualistyczne były w sposób negatywny powiązane z szeroką gamą wskaźników zdrowia psychicznego, zwłaszcza z różnorodnymi patologiami, podstawowym samo-odrzuceniem i egocentryzmem". [34]

- „Teoretycy współzależności społecznej zauważają, iż zarówno pozytywna, jak i negatywna współzależność tworzy konflikty pomiędzy jednostkami”. Jednakże „W sytuacjach kooperatywnych konflikty występują z powodu tego, jak najlepiej osiągnąć wspólne cele. W sytuacjach współzawodnictwa konflikty występują z powodu tego, kto wygra, a kto straci”. [35]

W swoich wnioskach zawierają oni także propozycje dotyczące struktury tego, co nazywają „szkołą kooperacyjną”. O ile szczegółowe omówienie tej idei wykracza poza zakres niniejszej książki, ważnym jest pamiętać, jak oczywistą wydaje się być skuteczność kooperacyjnego uczenia się: „Około 65% badań, dotyczących... kooperacyjnego uczenia się, to prace badawcze, potwierdzające jego skuteczność w szerokim zakresie badanych klas, obszarów tematycznych oraz samych uczniów. Zastosowanie kooperacyjnych procedur uczenia się przez tak wielu różnych nauczycieli do tak wielu przedmiotów, od poziomu przedszkolnego do edukacji dorosłych, przy tak wielu różnorodnych zadaniach i uczniach, w tak wielu różnych krajach i kulturach potwierdza teorię i wyjaśnia definicje pojęciowe”. [36]

Jednakże, chociaż te metody nauczania mogą być niezmiernie skuteczne, nie mogą odnieść sukcesu, ani nawet być zaakceptowane bez nauczania dzieci prawa obdarzania i tego, iż celem życia jest ostatecznie naśladować to prawo ze wszystkimi korzyściami wynikającymi z tego podobieństwa. Bez rozpowszechnienia tej informacji nieustannie rosnący egoizm człowieka ostatecznie zdusi wszelkie próby współpracy i będzie coraz bardziej izolować ludzi od siebie, jak ma to miejsce w okresie ostatnich kilku dekad.

Jak ujął to Aszlag, przyłożymy miecz do naszych języków, aby posmakować słodkiego nektaru narcyzmu, i umrzemy. Rzeczywiście, sam tytuł książki Jean M. Twenge *Pokolenie Ja: Dlaczego dzisiejsi młodzi Amerykanie są bardziej pewni siebie, asertywni, roszczeniowi - i bardziej nieszczęśliwi niż kiedykolwiek wcześniej* [37] wyraźnie wyraża istotę pułapki ego naszych czasów.

Poza środowiskiem szkolnym i wysiłkami, aby informować młodzież o celu życia w celu zmotywowania ich do dokonywania zmian, zasady nauczana w szkole powinny być stosowane także w domu. W przeciwnym wypadku zderzenie wartości szkolnych z wartościami rodzinnymi doprowadzi do skazania wszystkich tych prób na porażkę.

Kultywowanie środowiska współpracy

W poprzednim rozdziale wspomnieliśmy esej Aszlaga zatytułowany „Wolność", w którym napisał, iż myśli człowieka są odzwierciedleniem jego środowiska. Dlatego właśnie środowisko domowe młodych ludzi powinno odpowiadać wartościom współpracy, jakie powinny promować szkoły. Publikacja wydana przez amerykański Departament Edukacji, zatytułowana „Przewodnik multimedialny – pomagając swojemu dziecku w przejściu przez wczesny okres dojrzewania", zawiera następujące stwierdzenie: „Trudno jest zrozumieć świat wczesnych nastolatków bez brania pod uwagę ogromnego wpływu mass mediów na ich życie. Konkurują one z rodzinami, przyjaciółmi, szkołą i społecznościami w zdolnościach do kształtowania interesów, postaw i wartości młodych ludzi". [38] Niestety, większość z tych interesów kształtowanych przez media ma naturę antyspołeczną.

Publikacja internetowa zamieszczona przez University of Michigan Health System stwierdza na przykład, iż „Dosłownie tysiące badań poczynionych od 1950 roku zajmowało się kwestią, czy istnieje związek pomiędzy wystawianiem się na oglądanie przemocy w mediach a agresywnymi zachowaniami. Wszystkie z nich z wyjątkiem osiemnastu przyniosło odpowiedź: „tak". ...Według AAP (Amerykańska Akademia Pediatrii) „Wiele dowodów wskazuje, iż przemoc obecna w mediach może przyczynić się do zachowań agresywnych, znieczulenia wobec aktów przemocy, koszmarów sennych oraz strachu przed przemocą". [39]

Aby zrozumieć, jak dużą dawkę przemocy chłoną młode umysły, należy rozważyć informację, pochodzącą z wyżej wymienionej publikacji: „Przeciętne amerykańskie dziecko zobaczy 200 000 aktów przemocy i 16 000 morderstw w telewizji do osiągnięcia wieku 18 lat". [40] Jeżeli liczba ta nie wydaje się niepokojąca, zwróćmy uwagę, iż w okresie 18 lat mamy 6 570 dni. Oznacza to, że średnio do czasu ukończenia osiemnastu lat dziecko będzie narażone w *każdym dniu swojego młodego życia* na obejrzenie ponad trzydziestu aktów przemocy w telewizji, z czego 2,4 z nich to morderstwa.

W podobnym duchu w swojej książce *Rozwój w czasie trwania życia: podejście psychospołeczne* opublikowanej w 2008 roku dr Barbara M. Newman i Philip R. Newman opisują, w jaki sposób „Wystawienie się na wiele godzin przemocy w telewizji poszerza repertuar agresywnych zachowań u dzieci oraz zwiększa częstotliwość gniewnych uczuć, myśli oraz działań. Dzieci te uwikłane są w fantazje pełne przemocy, kiedy to uczestniczą w emitowanych wydarzeniach podczas oglądania telewizji". [41]

Jeśli weźmiemy pod uwagę fakt, że dzieci uczą się przez naśladowanie, możemy sobie tylko wyobrazić, jakie nieodwracalne szkody może spowodować oglądanie przemocy na ekranie telewizora.

W krajach kapitalistycznych rządy nie egzekwują prawa, które zakazuje pokazywania przemocy w telewizji oraz innych mediach. W najlepszym razie dany rząd może starać się ją ograniczyć, ale powyższe statystyki wyraźnie wskazują, iż wysiłki te są rażąco nieskuteczne.

Rozwiązanie problemu powinno pochodzić od samych ludzi, a nie od rządu. Ludzie muszą zdecydować, co chcą oglądać w telewizji, i aby to zrobić, muszą przede wszystkim zdecydować, jakiego rodzaju ludźmi chcą być, jakie cele pragną osiągnąć, ale co najważniejsze, jakimi dorosłymi mają stać się ich dzieci oraz w jakim świecie dorastać.

Kiedy rodzice zdecydują, że chcą, aby ich dzieci dorastały z nadzieją na przyszłość, że nie chcą, aby zasiliły one rosnące szeregi depresyjnej młodzieży, które już osiągają liczbę (według Narodowego Centrum Informacji Zdrowia Psychicznego) „jednego na pięciu młodych ludzi w każdej chwili badania" [42], wtedy to dopiero zmiana taka będzie miała miejsce. Telewizja, filmy, Internet i każdy inny środek masowego przekazu żyje i umiera na podstawie ocen jego konsumentów. Kiedy konsumenci zdecydują, iż chcą mediów bez przemocy, wtedy producenci, scenarzyści i reklamodawcy będą wiedzieć, w jaki sposób stworzyć zupełnie nowy repertuar filmów pozbawionych przemocy, które będą promować kooperatywne zachowania, a o których wspomniano w części „Przyjęcie prawa Natury za przewodnika".

Media są pomocą w nauce i są demokratyczne w tym sensie, iż naprawdę zależą od poparcia widzów. Mimo że są kontrolowane przez stosunkowo niewielką liczbę ludzi, którzy mają swoje własne interesy w zakresie tego, co nadawać, a czego nie, ostatecznie media wciąż pokazują nam to, co chcemy zobaczyć, gdyż w przeciwnym wypadku cały ten przemysł byłby nierentowny. Ponieważ większość ze współczesnych ludzi jest bardziej narcystyczna niż kiedykolwiek, zatem taki sam jest charakter programów w masowych mediach. A ponieważ stajemy się *coraz bardziej* egocentryczni, środki masowego przekazu w *coraz większym stopniu* zaspokajają nasze wartości wynikające z roszczeniowości oraz izolacjonizmu.

Jednakże izolacjonizm i narcyzm nie są w stanie przetrwać w świecie wzajemnych zależności. Są one dla społeczeństwa tym, czym nowotwór jest dla ciała. Rozwiązaniem problemu jest zatem znalezienie sposobu, aby skierować nasze pragnienia na działania społecznie korzystne, które w końcu przyniosą też osobistą satysfakcję. Jest to jedyny sposób, w jaki możemy wznieść się ponad nasz rosnący poziom egoizmu i zjednoczyć się.

Rozwiązanie, jakie proponuje Kabała, to wykorzystanie nowo zdobytej wiedzy na temat globalnego systemu, jakim jest gatunek ludzki, oraz nauczanie prawa obdarzania, które go podtrzymuje i (co najważniejsze) jest celem naszego życia. Nagrodą za to będzie, jak wspomniano powyżej, „całkowita władza, całkowita świadomość oraz całkowity ład" (w nas samych, w naszym życiu i na świecie). Jednak stanie się to tylko wtedy, gdy zdecydujemy się zjednoczyć. W ten sposób osiągniemy cel naszego istnienia – Zamysł Stworzenia - a zjednoczeni staniemy się takimi, jak nasz Stwórca.

Możemy to osiągnąć po wielu bolesnych „perswazjach" ze strony Natury lub dzięki własnej perswazji z wykorzystaniem środowiska, zasady naśladownictwa oraz świadomości naszej współzależności społecznej. W eseju „Pokój" Baal HaSulam opisuje dwa rodzaje ludzi - tych, którzy idą w kierunku celu życia dobrowolnie i świadomie, przez co czerpią korzyści, a także tych, którzy idą naprzód niechętnie, nieświadomie i doświadczają cierpień. Według jego słów „Istnieje wielka różnica i olbrzymia odległość pomiędzy nimi, czyli tym, co oznacza ‚nieświadomie i świadomie'. Pierwszy typ... burzliwe fale przychodzą na nich, zrodzone przez silny wiatr rozwoju, i popychają ich od tyłu, zmuszając do uczynienia kroku naprzód. W ten sposób ich dług [rozwój w kierunku osiągnięcia celu życia w sposób świadomy] jest pobierany wbrew ich woli oraz w wielkich bólach... które zmuszają ich do działania. Niemniej drugi rodzaj ludzi spłaca swój dług... z własnej woli, dokonując działań, które przyspieszają rozwój [naśladowanie, wpływ środowiska]. ...Dążą do tego celu z własnej woli, w duchu miłości. Nie trzeba dodawać, iż wolni są oni od wszelkiego rodzaju smutków i cierpienia, których doświadczają ludzie pierwszego typu", a także „Przyspieszają [osiągnięcie] upragnionego celu". [43]

[1]   *The Interdependence Handbook: Looking Back, Living the Present, Choosing the Future*, ed. Sondra Myers and Benjamin R. Barber (NY: The International Debate Education Association, 2004), 14

[2]   Gordon Brown speaks to Conference, *Labour* (September 23, 2008): http://www.labour.org.uk/gordon_brown_conference

[3]   (ibid.)

[4]   David W. Johnson and Roger T. Johnson, "An Educational Psychology Success Story: Social Interdependence Theory and

Cooperative Learning," *Educational Researcher* 38 (2009): 365, doi: 10.3102/0013189X09339057

[5]   Johnson and Johnson, "Educational Psychology Success Story," 366

[6]   (ibid.)

[7]   Johnson and Johnson, "Educational Psychology Success Story," 368

[8]   (ibid.)

[9]   (ibid.)

[10]   Johnson and Johnson, "Educational Psychology Success Story," 371

[11]   (ibid.)

[12]   Ashlag, "Peace in the World," in *Kabbalah for the Student*, 89

[13]Sam Roberts, "To Be Married Means to Be Outnumbered, *The New York Times* (October 15, 2006): http://www.nytimes.com/2006/10/15/us/15census.html?_r=1&scp=2&sq=more%20unmarried%20couples%20than%20married%20couples&st=cse

[14]   Yehuda Ashlag, *Kitvey Baal HaSulam* (*The Writings of Baal HaSulam*), "The Writings of the Last Generation," Part 1 (Israel: Ashlag Research Institute, 2009), 815

[15]   (ibid.)

[16]   Yehuda Ashlag, "What Is Habit Becomes a Second Nature in the Work," in *Shamati* (*I Heard*), trans. Chaim Ratz (Canada: Laitman Kabbalah Publishers, 2009), 38

[17]   Ashlag, "Peace in the World," in *Kabbalah for the Student*, 89

[18]   Yehuda Ashlag, *The Writings of Baal HaSulam* "The Nation," (Israel: Ashlag Research Institute, 2009), 494

[19]   Ashlag, "Introduction to the Book, Panim Meirot uMasbirot" (Illuminating and Enlightening Face) in *Kabbalah for the Student*, 463

[20]   Yehuda Ashlag, *Kitvey Baal HaSulam* (*The Writings of Baal HaSulam*), 44

[21] Werner Heisenberg, quoted by Ruth Nanda Anshen in *Biography of an Idea*, 224

[22] Christopher Lasch, *The Culture of Narcissism: American Life in an Age of Diminishing Expectations* (USA: Norton & Company, May 17, 1991)

[23] Jean M. Twenge and W. Keith Campbell, *The Narcissism Epidemic: Living in the Age of Entitlement* (New York: Free Press, A Division of Simon & Schuster, Inc. 2009)

[24] Joseph Valadez and Remi Clignet, "On the Ambiguities of a Sociological Analysis of the Culture of Narcissism" *Sociological Quarterly*, vol. 28, 4 (Dec. 1987): 455–472

[25] The Associated Press, "Isolationism soars among Americans" (March 12, 2009): http://www.msnbc.msn.com/id/34255911/ns/world_news/

[26] "Poll: 44% Americans see China as top economic power," *People's Daily* (December 04, 2009), http://english.peopledaily.com.cn/90001/90776/90883/6831907.html

[27] "A rising tide of hunger," *Los Angeles Times* (November 26, 2009): http://articles.latimes.com/2009/nov/26/opinion/la-ed-hunger26-2009nov26

[28] Jason DeParle, "Hunger in U.S. at a 14-Year High," *The New York Times* (November 16, 2009), http://www.nytimes.com/2009/11/17/us/17hunger.html

[29] Andrew Martin, "As Recession Deepens, So Does Milk Surplus, *The New York Times* (January 1, 2009), http://www.nytimes.com/2009/01/02/business/02dairy.html

[30] Rav Avraham Kook (The Raaiah), *Igrot* (*Letters*), Vol. 2, 226

[31] Ashlag, "Introduction to the Book, Panim Meirot uMasbirot" (Illuminating and Enlightening Face) in *Kabbalah for the Student*, 438

[32] Johnson and Johnson, "Educational Psychology Success Story," 372

[33] (ibid.)

[34] (ibid.)

[35] Johnson and Johnson, "Educational Psychology Success Story,"
373

[36] Johnson and Johnson, "Educational Psychology Success Story,"
374

[37] Jean M. Twenge, *Generation Me: Why Today's Young Americans
Are More Confident, Assertive, Entitled--and More Miserable Than
Ever Before* (USA: Free Press, March 6, 2007)

[38] U.S. Department of Education, "Media Guide—Helping Your
Child Through Early Adolescence," http://www2.ed.gov/
parents/academic/help/adolescence/index.html

[39] University of Michigan Health System, "Television and
Children," http://www.med.umich.edu/yourchild/topics/
tv.htm

[40] (ibid.)

[41] Barbara M. Newman and Philip R. Newman, *Development
Through Life: A Psychosocial Approach* (Belmont, CA: Wadsworth
Cengage Learning ,2008), 250

[42] "Major Depression in Children and Adolescents," http://www.
mentalhealthcanada.com/ConditionsandDisordersDetail.
asp?lang=e&category=68

[43] Ashlag, "The Peace," in *Kabbalah for the Student*, 273

Bibliografia

Amani El-Alayli and Messe Lawrence A., "Reactions Toward an Unexpected or Counternormative Favor-Giver: does it matter if we think we can reciprocate?" *Journal of Experimental Social Psychology* 40.5 (September 2004)

Anthony McGrew, "A Global Society?" in *Modernity and Its Futures*, ed. Stuart Hall. UK: Polity Press in association with Blackwell Publishing Ltd and The Open University, 1992.

Arias Elizabeth, Ph.D., Division of Vital Statistics, "United States Life Tables, 2004," *National Vital Statistics Report* (NVSS) 56 no. 9 (December 28, 2007).

Ashlag Baruch Shalom (Rabash), *The Writings of Rabash*. Israel: Ashlag Research Institute, 2008.

Ashlag Yehuda, *Kitvey Baal HaSulam* (*The Writings of Baal HaSulam*). Israel: Ashlag Research Institute, 2009.

Ashlag Yehuda, *Shamati* (*I Heard*), trans. Chaim Ratz. Canada: Laitman Kabbalah Publishers, 2009.

Ashlag Yehuda, *Talmud Eser Sefirot* (*The Study of the Ten Sefirot*). Israel: Ashlag Research Institute, 2007.

Avraham Ben Mordechai Azulai, *Ohr HaChama* (*Light of the Sun*).

Burg Bob and David John, The Go-Giver: A Little Story About A Powerful Business Idea. USA: Portfolio, 2007.

Babylonian Talmud, Masechet [Tractate] Yoma, Masechet Hagigah, Masechet Yevamot, Masechet Kidushin.

Buffardi Laura E., Campbell W. Keith, "Narcissism and Social Networking Web Sites," *Personality & Social Psychology Bulletin* 34 (July 3, 2008): 1303-1314. doi:10.1177/0146167208320061.

Calaprice Alice, *The New Quotable Einstein*. USA: Princeton University Press, 2005.

Chaim ibn Attar, *Ohr HaChaim* [*Light of Life*], *Bamidbar* [Numbers], Chapter 23.

Collett Jessica L. and Morrissey Christopher A., "The Social Psychology of Generosity: the state of current interdisciplinary research." USA: University of Notre Dame, October 2007.

Cordovero Moshe (RAMAK), Know the God of Thy Father.

Darwin Charles, *The Works of Charles Darwin, Volume 16: The Origin of Species*, 1876. NY: NYU Press; Volume 16 edition, February 15, 2010.

Dawkins Richard, *The Selfish Gene*. New York: Oxford University Press Inc., 1989.

Della Mirandola Giovanni Pico, *De Hominis Dignitate Oratio* (*Oration on the Dignity of Man*). Italy: Feltrinelli, 2000.

Diamond Jared, Guns, Germs, and Steel: The Fates of Human Societies. NY: Norton & Company, 1997.

Elimelech of Lizhensk, *Noam Elimelech* (*The Pleasantness of Elimelech*), *Likutei Shoshana* ("Collections of the Rose") (First published in Levov, Ukraine, 1788).

Estelami Hooman and De Maeyer Peter, "Customer reactions to service provider overgenerosity," *Journal of Service Research* 4, no. 3 (Feb 2002): 205-216

Frankl Viktor E., *Man's Search for Meaning*, trans. Ilse Lasch. Boston: Beacon Press, 2006.

Hillel Shklover, Kol haTor (Voice of the Turtledove).

Horgan John, The End of Science: Facing the Limits of Knowledge in the Twilight of the Scientific Age. New York: Broadway Books, 1997.

Hurley S. and Chater N. (Eds.), *Perspectives on Imitation: From Neuroscience to Social Science*. Cambridge, MA: MIT Press, 2005.

Isaac Luria (ARI), *Tree of Life.*

Johnson David W. and Johnson Roger T., "An Educational Psychology Success Story: Social Interdependence Theory and Cooperative Learning," *Educational Researcher* 38 (2009): 365-380, doi: 10.3102/0013189X09339057

Kabbalah for the Student, ed. Gilad Shadmon, trans. Chaim Ratz. Canada: Laitman Kabbalah Publishers, 2009.

Lasch Christopher, The Culture of Narcissism: American Life in an Age of Diminishing Expectations. USA: Norton & Company, May 17, 1991.

Laszlo Ervin, *The Chaos Point: The World at the Crossroads.* Charlottesville, VA: Hampton Roads, 2006.

Lehrs Ernst, *Man or Matter.* London: Rudolf Steiner Press; 2nd edition, June 1985.

Leibniz Gottfried Wilhelm, *Leibniz: Philosophical Writings.* UK: Dent, Rowman and Littlefield, 1991.

Lovelock James, The Revenge of Gaia: Earth's Climate Crisis & The Fate of Humanity. New York: Basic Books, 2006.

Luntschitz Shlomo Ephraim, *Keli Yakar* [*Precious Vessel*].

Midrash Rabbah, Beresheet, Portion 38.

Midrash Rabbah, Beresheet.

Midrash Rabbah, Kohelet.

Midrash Rabbah, Shemot.

Mishnah, Masechet Hagigah.

Nanda Anshen Ruth, *Biography of an Idea.* USA: Moyer Bell, 1987.

Newman Barbara M. and Newman Philip R., *Development Through Life: A Psychosocial Approach.* Belmont, CA: Wadsworth Cengage Learning ,2008.

Pearce Fred, *The Last Generation: How Nature Will Take Her Revenge for Climate Change*. USA: Key Porter Books, February 2007.

Postman Neil, *The End of Education: Redefining the Value of School*. New York: Knopf, 1995.

Rav Avraham Kook (The Raaiah), *Igrot* (*Letters*).

Rav Moshe Ben Maimon (Maimonides), *Mishneh Torah* (*Yad HaChazakah* (*The Mighty Hand*)), Part 1, "The Book of Science."

Rav Moshe Ben Maimon (Maimonides), *Mishneh Torah* (*Yad HaChazakah* (*The Mighty Hand*), Part 1, "The Book of Science," Chapter 1.

Rav Shabtai Ben Yaakov Yitzhak Lifshitz, *Segulot Israel* (The Virtue of Israel).

Rav Yitzhak Yehudah Yehiel of Komarno, *Notzer Hesed* (*Keeping Mercy*).

Reuchlin Johannes, *De Arte Cabbalistica* (*On the Art of Kabbalah*). Hagenau, Germany: Tomas Anshelm, March, 1517.

Russell Bertrand, *History of western Philosophy*. London: Routledge Classics, 2004.

Shachmurove Yochanan and Uriel Spiegel, "A Monopoly Reason Why Autarky might Be Best for a Large Country," *The Manchester School* 73, no. 3 (2005): 269-280.

Spock Benjamin, *Baby and Child Care*. USA: Pocket Books, 2004.

Rabbi Shimon bar Yochai (Rashbi), The Book of Zohar, Tikkuney Zohar (Corrections of The Zohar).

"The Global Financial System," *eJournal USA* 14, no. 5 (May, 2009)

The Interdependence Handbook: Looking Back, Living the Present, Choosing the Future, eds. Sondra Myers and Benjamin R. Barber. NY: The International Debate Education Association, 2004.

The Rav Raiah Kook, *Orot* (*Lights*).

Twenge Jean M. and Campbell W. Keith, *The Narcissism Epidemic: Living in the Age of Entitlement*. New York: Free Press, A Division of Simon & Schuster, Inc. 2009.

Twenge Jean M., *Generation Me: Why Today's Young Americans Are More Confident, Assertive, Entitled--and More Miserable Than Ever Before*. USA: Free Press, March 6, 2007.

Tyler Miller G. and Spoolman Scott, *Living in the Environment: Principles, Connections, and Solutions*. Belmont, CA: Books/Cole, Cengage Learning, 2008.

Valadez Joseph and Clignet Remi, "On the Ambiguities of a Sociological Analysis of the Culture of Narcissism" *Sociological Quarterly*, vol. 28, 4 (Dec. 1987): 455–472.

Von Goethe Johann Wolfgang, *Materialien zur Geschichte der Farbenlehre*. Stuttgart, Germany: Gotta'sche Buchhandlung, 1833.

Whiston William, *The Works of Flavius Josephus*. UK: Armstrong and Plaskitt AND Plaskitt & Co., 1835.

Wilber Ken, Quantum Questions: Mystical Writings of the World's Great Physicists. USA: Shambhala Publications, Inc., 1984.

Zalman Elijah ben Shlomo (The Vilna Gaon (GRA)), *Even Shlemah* (*A Perfect and Just Weight*). Israel: *Yofi* (Beauty) Publishing, 2007.

www.ingramcontent.com/pod-product-compliance
Lightning Source LLC
Chambersburg PA
CBHW050723260726

48661CB00001B/44